教師のための 問題対応フローチャート

水野治久
諸富祥彦
[編集]

図書文化

はじめに

明治大学文学部教授
諸富祥彦

救いを求めている，多くの子どもが，いま，目の前にいる！

　本書『教師のための問題対応フローチャート——不登校・授業・問題行動・虐待・保護者対応のチェックポイント』は，これまでの本とは，一味，違う本です。

　カウンセリングの理論や，理屈をあれこれと書いている本ではありません。

　現場の先生方の経験の記録を集めただけの本でも，ありません。

　本書の最大の特徴は，教師がさまざまな問題に直面したとき，「こんなときは，こうすればいいんだ」と「見てすぐわかる」ように，「すべきこと」の流れが，フローチャートで示されている点です。

　こんな本は，これまでなかったのではないでしょうか。

　これまでに，学校カウンセリング，学校臨床心理学は，不登校，いじめ，虐待，保護者対応などの問題について，多くの実践的な智慧を蓄積してきました。

　しかし，それだからこそ，そこで蓄積された実践的智慧は，教師がちょっとやそっとの学習を積んでも，追いつかないほど，莫大なものになってしまっています。

　今では，さまざまなカウンセリングや臨床心理学の研修会が教師向けに開講されていて，一定の研修を積めば，きちんとした資格も取ることができるようになっています。

　しかし，そのような，専門的な学習を一定レベル積んだ人は，教師全体のうち，まだまだほんの一握り。全体の５％にも満たないでしょう。

　その一方で，子どもたちの心の問題——不登校，いじめ，虐待，授業をかき乱すような行動，リストカットや摂食障害——をはじめとして，保護者対応の問題，教師自身のメンタルヘルスや生きづらさの問題，学校の危機管理の問題など，教師の対応すべき問題は山積みで，しかもどの問題もさらに複雑にほかの問題と絡み合っています。

　このギャップをどうやって埋めればいいのでしょう。

　実は，これは大変大きな問題です。

　たまたま専門的な学習を積んだ教師が担任になったクラスの子どもは救われて，たまたまカウンセリング力を身につけていない教師が担任をしているクラスの子どもは救われないまま，放置されている——こうしたことが，日本中のあらゆる学校で起きているのが，現実なのではないでしょうか。

　この現状を，このまま，放置しておいていいのでしょうか？

　いいえ，そんなはずは，ありません！

　救いを求めている，多くの子どもが，いま，目の前にいるのです！

　こうした子どもが救われるか否かを，その子がどんな担任に当たるか，という「運」に任せていていいはずがないのです！

　東京・茗荷谷にある出版社・図書文化社の一室で，大阪教育大学准教授の盟友・水野治久先生と，構成的グループエンカウンターを全国の学校現場に広めるキーマンとなった名編集者・東則孝氏と私（諸富）の３人で話し合いをもちました。そのとき３人で共

有したのは,「このままではいけない」「このまま問題を——よく勉強した,腕のいい教師に当たった子は運よく救われ,そうでない子は運悪く救われないという問題を——放置しておいていいはずがない!」という問題意識でした。

そして,「この問題を何とかしなくては!」という危機意識から生まれたのが,本書なのです。

「運悪く問題」解決の鍵は,「チャート」と「チーム援助(システム連携)」にある!

よく勉強した,腕のいい教師に当たった子は運よく救われ,そうでない子は運悪く救われない——この問題をここでは,仮に「悪運放置問題」と名づけておきましょう。

「悪運放置問題」解決の鍵は,どこにあるのでしょうか。

私は,1つにはそれは,「原理原則」や「理屈」「理論」「心構え」を説くにとどまらず,「こんなとき,こうすればいい」ということを,「ぱっと見てすぐわかる」ような形で伝えていく方法の工夫にあると思います。

それが,本書では「なすべきことをフローチャートで」示す,という形をとりました。

ストレートに言います。教育や心理関係の多くの本(すべてとは言いません)が,執筆者の自己満足や業績稼ぎのための本になっている,と私は思います。9割はそうでしょう。

その多くは「心構え」や「基本姿勢」を示すにとどまっています。

「こんなとき,こうすればいい」ということが,ぱっとわかる本はほんとうに少ないのです。

例えば,中1のクラスに,小学校のときから不登校で,適応指導教室に通っている男の子がいるとしましょう。適応指導教室には楽しく通っていて,基本的には安心して毎日をすごすこともできているけれど,このまま担任として,手をこまぬいているだけでいいものかと時折,考えることがあります。

こんなとき,多くの本では,こんなことが書かれています。

「たとえ,長期間不登校の生徒がクラスにいても,家庭訪問をするなどして,信頼関係を築いていく努力をしましょう」

「決して無理はさせず,しかし学校とのつながりが切れてしまわないようにしましょう」

こんなことは,あたりまえです! 読まなくても,わかることでしょう。

しかし,これでは,「本格的にカウンセリングの勉強をしてこなかった現場の先生方(全体の95%です)」は,「じゃあ,どうすればいいのか」と思ったまま,本を閉じ,結局何もしないまま時間が過ぎてしまうことになるでしょう。

私なら,こう書きます。

「1か月に1回でかまいません。適応指導教室に連絡して,足を運びましょう。そして,その子と5分から10分,よもやま話をしてください。アイドルの話でもアニメの話でもOKです。その子の得意な話で,なごむ話をしてください。それだけで,その子がいつか学校に戻ってくる確率は2倍くらいに高まるでしょう」

- おなかが痛い，頭が痛いと，月に3日くらい休む，小学校4年生の女の子の場合には
➡「3日連続で休んだら，原因に関係なく，学校でその子といちばん心のつながりができている先生が家庭訪問しましょう。病欠と不登校を区別せず2～3日の病欠を不登校の初期段階と見て対応していくことが，不登校対策のいちばんのポイントです。長く休むと，それに体が慣れて，休んだことが不登校の原因となってしまいます。担任にこだわらず，その子と関係がついている先生，あるいは，仲良くなれそうな先生が訪問するのがキーポイントです。栃木県の鹿沼市では，この作戦で小学校の不登校4割減に成功しています！」
- 中学を卒業したとき不登校で，その後もひきこもっていて，社会とつながっていない生徒の場合には➡「暑中見舞いと年賀状を10年間は出し続けましょう。最後に学校に行っていた時の担任が，この世界で唯一のつながりになっているひきこもりの若者は少なくありません。先生の暑中見舞いと年賀状だけが生きる支えになっている子もいるのです」

　このように，「具体的な行動」を「チャート」で示していることが，本書の特徴です。これならば，「とくにカウンセリングの勉強をしてきたわけではない，普通の先生」でも，「あぁ，そうすればいいんだ」とわかるでしょう。

　もう1つの「悪運放置問題」解決の鍵は，水野先生（そしてその恩師の石隈利紀先生）の専門である「チーム支援」，とくに「システム連携」です。

　「システム連携」とは，「たまたま仲のいい先生同士で打ち合わせする」といった連携（日常連携）ではなく，「○○部会」「○○対策委員会」といった「役割」で行う「チーム連携」です。

　「システム連携」をしてはじめて，「取りこぼしのない対応」が可能になります。この「システム連携」をとくに小学校で強めていくことが，「悪運放置問題」解決の鍵になります。

　本書のチャートの中には，この「チーム援助」「システム連携」の発想がふんだんにちりばめられています。

「こんなとき，こうする」の積み重ねが「教師力」アップにつながる！

　カウンセリングの世界では，従来，具体的なノウハウやテクニックを著書に書くのは，あまりよくないこととして，戒められてきました。それは，具体的なノウハウを中心にすると，一人一人の教師の主体的な対応力の育成を妨げることにつながりかねないと考えられてきたからです。また，個々の事例はそれぞれに独自性をもっており，一般論でテクニックを論じても通用しないことがしばしばあるからです。

　それは，たしかに，そうなのです。個々の「事例」をていねいに見ていくことほど，力量の育成につながることはありません。

　また，教師自身の人間的成長，自己成長に取り組むことも，真の意味での「教師力」，またその一部としての「教師のカウンセリング力」の向上には必須です。（いわゆる教育分析的体験です。私が講師を務める「気づきと学びの心理学研究会（http://morotomi.net/ を参照）」への参加をお勧めします）。プロフェッショナルな教師として，「カウン

セリング力」を鍛えていくためには，そうした深い学びが必要となります。

　しかし，それでは，ごく一部の専門的な学習をした教師の力量だけが高まっていくことになります。そしてそれでは，多くの子どもの問題が取りこぼされ，見過ごされていく現実が生み出されます。先に指摘した「悪運放置問題」の先送りです。

　私は，まずは，カウンセリングをあまり勉強したことがない「ごくふつうの先生方」が「ぱっと見ただけで」「こんなとき，こうすればいい」とわかる具体的なノウハウをこそ，多くの教師が共有すべきだと思いました。そこで「テクニックを論じるのは，いかがなものか」という「業界の通念」を打破すべく，『学校現場で使えるカウンセリング・テクニック（上）（下）』（誠信書房）を書きました。あえて「テクニック」をタイトルにしたのです。

　さらに最近，私が編集代表を務めた『チャートでわかる　カウンセリング・テクニックで高める「教師力」（全5巻）』（ぎょうせい）では，「こんなとき，どうすればいいか」が「ぱっと見ただけでわかる」ように「チャートで」具体的に示しました。この5巻本で示したチャートを見ているだけで，これまであまりカウンセリングを勉強したことがない先生方でも，学校で生じるさまざまな問題に対して，「こんなとき，こうすればいいんだ」とわかるチャートになったと自負しています。

　こうした「こんなとき，こうする」というノウハウから（まずは形から）入ることで，先生方が子どもの問題への対応に成功します。そしてその積み重ねによって，しだいに教師の「カウンセリング力」はアップしていくのです。それは，個々の具体的なノウハウの背景には，理論や臨床的な知見が潜んでいるからです。具体的なハウツーを学び，実践していくなかで，より深いものの見方が，自然と身についていくのです！

　そして，「こんなとき，どうすればいいか」「ぱっと見ただけでわかる」本の最新バージョンがこの本です。水野先生の発案によって，先生方が，それぞれの問いかけに「イエス」「ノー」で答えていくと，おのずと「どうすればいいか」わかるように「フローチャート」になっています。しかも，チャートの後には，その解説として，カウンセリングの理論によってどう考えるから，そうすればいいのかがわかり，カウンセリング学習を深めていくのに役立つようにもなっています。さすが水野先生！　ですね。

　もちろん，本書のチャートで示した流れでは，うまく対応できないケースも少なからず，あることでしょう。そのときは「一般的には，こうするんだな。でもこのケースはここが違うから……」と理解を深めていってください。それによってさらに柔軟で幅広い対応力をもった「カウンセリング力」が身についていくはずです。

　ぜひ，本書のチャートを，学年会や，教育相談部会，生徒指導部会，不登校対策委員会，職員会議などで，みんなで見てください。チャート1枚をコピーして，みんなで見ればいいのです。準備は，簡単ですね。

　チャートをみんなで見ていくうちに「そうだ，まず，ここから始めてみよう！」という「できること」が見つかっていくはずです。

　重要なのは「原因探し」ではなく，「できること探し」です。

　本書のチャートによって，1人でも多くの先生が「そうだ，こうしてみよう！」という具体的な手がかりを得てくださることを祈っています！

目　次

はじめに　　諸富祥彦――2

第1章　不登校・登校しぶり

1. 子どもがこの3，4日登校してきません。――8
2. 別室（保健室）から教室に戻ってこられない子どもがいます。――10
3. ノーマークの優等生が突然，不登校になりました。――12
4. 友達とのトラブルから不登校に（トラブル対応編）。――14
5. 友達とのトラブルから不登校に（保護者支援編）。――16
6. 親が「学校は行かなくてもいい」と言います（保護者編）。――18
7. 親が「学校は行かなくてもいい」と言います（子ども編）。――20
8. 孤立し「運動会には参加したくない」と言っています。――22
9. 発達障害と思われる子どもの保護者が，いじめが不登校の原因だと訴えています。――24

第2章　授　業

1. クラスの何人かが反抗的です。――26
2. クラスの何人かが，計算の基礎がわかっていません。――28
3. 授業が成り立たず，保護者からクレームがきています。――30
4. 立ち歩く子への注意で授業が進みません。――32
5. 授業中，質問ばかりする子どもがいます。――34
6. 保護者に特別支援学級をどう勧めればよいでしょうか。――36

第3章　問題行動・心の問題

1. 教室を飛び出してしまう生徒がいます。――38
2. 家のお金を盗んでいるらしい。――40
3. たばこを吸っている生徒が多くて困っています。――42
4. 年上の男性とつき合っている女子がいます。性的な非行が心配です。――44
5. 数名の生徒が学校を荒らしています。周囲の生徒は面白がって見ています。――46
6. A子さんは最近，暗くうつむいてばかりで，心配です。――48
7. 食事をしません。どんどん体重が減っています。摂食障害が疑われます。――50

第4章　虐待を疑う

1. 朝食だけではなく，夕食も食べていないようです。――52

- ❷ 子どもが顔にあざをつくってきました。── 54
- ❸ 「お前なんていなければ」と母親に言われる子がいます。── 56
- ❹ 養父による性的行為の強要を打ち明けられました。── 58
- ❺ 児童相談所に通告しましたが，状況が改善しません。── 60
- ❻ 児童相談所と連携した「見守り」がうまくいきません。── 62
- ❼ DV 被害者の子どもの転入で，気をつけることは？── 64
- ❽ 虐待対応で疲れきってしまいました。── 66

第5章　危機管理

- ❶ ネット上に，子どもに対する殺害予告がありました。── 68
- ❷ 子どもの保護者が急死しました。どうも自殺のようです。── 70
- ❸ 教師が指導の中で，子どもにけがをさせてしまいました（体罰）。── 72
- コラム　マスコミ対応 ── 74

第6章　保護者対応

- ❶ 特別に勉強をみてほしいと，繰り返し言われています。── 76
- ❷ ちくちくとクレームを言う保護者の対応に疲れています。── 78
- ❸ 毎日2時間も電話をしてくる保護者がいます。── 80
- ❹ いじめの見張りをつけてくれと保護者に言われました。── 82
- ❺ 「未婚で子どももいないのに」と保護者に言われます。── 84
- ❻ 保護者から「クビにしてやる」と罵倒されました。── 86
- ❼ 子どもの発達障害の可能性を保護者が認めません。── 88

第7章　教師の自己管理

- ❶ もう教師をやめてしまおうかと悩むことがあります。── 90
- ❷ 校長に「教師をやめてしまえ」と怒鳴られ，つらいです。── 92
- ❸ 同僚とうまくいきません。どうしたらよいでしょう。── 94
- ❹ 教材研究が追いつきません。── 96
- ❺ 子どもにうまく対応できません。── 98
- ❻ 部活動をもっとやってほしいと言われました。── 100

おわりに　　水野治久 ── 102

1 子どもがこの3，4日登校

事例
夏休み明けの9月。体調が悪いと連絡があるものの，休みが3，4日に及んでいます。

考え方とポイント
3，4日の欠席は珍しいことではありません。しかし，休み明けや長期休暇明けにかぎらず，その背景を疑ったほうがよいでしょう。

まずトラブルがないかどうかを考えましょう。いじめなどの対人関係のトラブル，学習面のつまずきだけでなく，成績や進路，身体面の悩みなども考慮すべきでしょう。学校での変化だけでなく，家庭環境の変化から登校が難しくなることもあります。「理由がない」「わからない」ということもあるので，原因探しをしすぎると，肝心の援助が提供できなくなってしまうことに留意が必要です。

具体的な連携先
まずはスクールカウンセラーに相談してみるとよいでしょう。具体的なポイントを教えてくれるでしょう。

---

❶トラブルは？
いじめなどの対人関係のトラブルがないか。 → ある

↓ ない

❷学習，対人関係の援助ニーズは？
学習面の苦戦，対人関係が苦手など特別な援助ニーズを抱えていないか。 → 抱えている

↓ 抱えていない

❸身体症状は？
腹痛，頭痛や気分の悪さなどの身体症状があるか。 → ある

↓ ない

❹保護者に援助ニーズがあるか？
保護者が身体的，精神的な病を抱えていたり，家庭の状況が厳しく，登校が難しい状況があるか。 → ある

↓ ない

子どもとの継続的な接触を維持しておく。

してきません。

❶いじめられている子どものつらい思いをよく聞きましょう。
(1) 共感的に話を聞くことが大切です。教師にとっては小さなこと（無視されたなど）でも，本人にとってはつらく悲しいことかも知れません。
(2) 被害が明らかな場合は加害児童生徒に話を聞いてみましょう。加害児童生徒も被害を受けている可能性があるので，話を聞くときは慎重にしましょう。「お前が加害者だ」と決めつけたりはしないでください。さらに，学校の勉強がわからない，家庭での援助ニーズが高いなどからいじめ（他者に対しての攻撃行動）に走るということもあります。ここで教師が子どもを丸ごと受けとめないと，また再発の可能性があります。
(3) 加害児童生徒がいじめを認め，被害児童生徒が嫌がらないならば，両者を話し合わせ，謝罪の会を設けることも一案です。

❷学習面や対人関係面で，どのような援助を必要としているか見定めましょう。
(1) 学習面のどこにつまずきがあるかを見てください。特に，計算問題，漢字の書き取りなどに苦戦している可能性があります。
(2) 学習面の苦戦が見えにくいときは，特定の科目を避けたりしていないかを観察してください。「算数・数学の時間に寝ている」，「体育は見学ばかりだ」，「図工には取りかからない」などの例があります。
(3) 学習面のつまずきであれば，計算問題などの不得意な部分を教師が手助けしてください。途中の計算を一緒にやり答えを確認することで，最後まで解けるかどうかを見てください。そこで何が不得意なのかが把握できるかも知れません。TT（ティームティーチング）の教師やボランティア学生を配置する，などの工夫も考えられます。
(4) 対人関係の苦手さは長い休み時間，掃除の時間，給食の時間などを観察し，孤立していないか，対立していないかなどを見てください。

❸養護教諭と相談し，医療機関とつなげていきましょう。
(1) 明らかに心理面や行動面に援助ニーズがあっても，体調の悪さで援助を求めることがあります。この場合は養護教諭に相談してください。身体の症状から児童精神科医などの医療機関につなぐことも可能です。
(2) 無気力感を呈している場合は，本人に共感して「できているところ」，「得意なところ」を認めてあげてください。多少の休みが続いても，本人と教師がよい人間関係を維持していくことが大切です。

❹保護者も困っています。保護者のことも支えていきましょう。
(1) 保護者の困り感に寄り添うことが大切です。必要なら福祉や医療などの専門機関との連携を模索してください。チームで援助することが大切です。
(2) ただし，学校としてできることは限られているので，保護者が支援を受けられるように市の窓口などに相談できるように勧めてみるのも解決につながります。

2 別室（保健室）から教室に戻

事例

不登校支援の中で会議室を「別室」と呼び，子どもにそこに登校してもらうことや，保健室などで過ごしてもらうことはよくあります。

担任としては，子どもが別室に登校できるのはありがたいけど，このままだと別室だけとなり，教室に戻ってこられないのではないかと不安が高まってしまいます。

考え方とポイント

子どもが別室（校内の会議室など）や保健室から教室になかなか戻ってこられないのはよくあることです。子どもは「保健室や別室で何とかしのいでいる」状態なのかも知れません。子どもの希望，子どもの状態を見ながら対応することが大切です。

具体的な連携先

まず，校内連携を考えましょう。特に，養護教諭との連携はキーポイントです。子どもの状態を見ながら，お任せするところはお願いします。気になることがあれば，養護教諭や管理職と意見交換をすることも大切です。

❶ 担任が別室で話ができるか？

どんな話題でもよいので，担任と別室で話ができるか。

→ できない

↓ できる

❷ 勉強や教室の話にのってくるか？

担任が勉強や教室の話，行事の話題を切り出すとのってくるか。

→ のってこない

↓ のってくる

❸ 調子のよいときは教室に来るか？

教室に入ったり，教室をのぞくことができるか。

→ 来ない

↓ 来ることもある

本人のペースでできるときに教室に戻ってもらう。ただし無理はしない。

ってこられない子どもがいます。

❶養護教諭や別室担当の教師にお願いして，子どもが安心できる関係づくりをしていきましょう。

(1) まずは養護教諭，学年のほかの教師，管理職や別室担当の教師にお願いして，子どもとの心のつながりをつくってもらいましょう。

(2) 別室担当の教師と子どもの人間関係ができたら，今度は，担任とのかかわる時間を増やしていきましょう。まずは，別室（保健室）に登校できていることを褒め，認めてください。そして，子どもの好きなことを中心にもう一度人間関係をつくり直すことが大切です。「ああ，この先生は無理に教室に連れていったりしないんだ」と子どもに思ってもらうことが大切です。

(3) 担任との関係が十分にできたら教室の話題をさりげなく出してください。表情が曇ったり，表情が乏しい場合は時期が早いと思います。リラックスし，教室の話題を話せるようになったら，少しずつ無理をしないで教室に戻してみてもよいでしょう。

(4) 本人が嫌がらなければ教室に給食を取りにいったり，別室や保健室に給食を持ってきてもらったり，休み時間に安心できる友達と話をしたりできるとよいかも知れません。

❷教室に戻すのはまだ時期尚早です。

教室に戻すには早すぎるようです。まずは，本人が話しやすい話題（テレビ，アイドル，お笑いタレントの話など）を中心に話し始めたらいかがでしょうか。勉強や進路の話をしないことが大切です。

❸教室に入るのが無理なら，運動場などほかの場所でクラスの友達と合流させましょう。

教室に入ることが無理なら，まずは別の場所（運動場や移動教室など）でクラスの友達と合流することも提案してみてください。体育の時間に，遠くから見学をしたりすることは意外に抵抗がないかも知れません。

3 ノーマークの優等生が突然

いい子だねー

事例
教師の役割上どうしても勉強面に注目してしまいます。学習面でうまくいっている成績のよい子どもは「優等生」と見なしてしまい，その子どもが，例えば対人関係の面で苦戦していても，そのニーズを低く見積もってしまうことがあります。

考え方とポイント
一見，非の打ち所のない子どもも，しばしば不登校になります。「よい子」を期待されていた子どもや，「よい子」を演じることでしか自分を保てない子どももいます。子どものしんどさ，苦しさを理解したいものです。まずは本人に会えるのか，保護者と会えるのかが大きなポイントです。

具体的な連携先
養護教諭やスクールカウンセラーなどの校内連携が中心となります。保護者と会うことが難しい場合は，虐待や生活苦などの可能性がありますので，市の教育サポートセンターや福祉の関係者などとの連携が必要です。

---

❶ 担任が子どもに会えるか？
家庭訪問で子どもと会えるか。

 会えない

↓ 会える

❷ 担任が子どもと談笑できるか？
担任が子どもに会って談笑ができるか。話が弾むか。

できない

↓ できる

❸ 担任が保護者と会って話ができるか？
担任が保護者と会って談笑ができるか。

 できない

↓ できる

❹ 保護者は来校してくれるか？
担任が連絡したら保護者は来校してくれるか。保護者から自主的に来校するか。

 来校してくれない

↓ 来校してくれる

保護者，本人と十分に意見交換をしながら子どもを支援していく。

不登校になりました。

❶「週に1回10分」を基本に，無理のない家庭訪問を始めましょう。
(1)無理のないように家庭訪問を続けることが大切です。週に1度，1回10分くらいのペースで始めましょう。
(2)本人と会えなくても，無理をしないことが大切です。プリントを渡したり学校の話をしたりすることは，なるべく避けたほうがよいでしょう。また，保護者に「○○君，何していますか？」などの質問はやめたほうがよいでしょう。登校していないことや勉強していないことに保護者は悩んでいるので，それを無理に聞き出すことは保護者の負担となります。ただし保護者が相談してきたときには，ていねいに話を聞きましょう。保護者が何も話さないときは，「今日はとりあえずお母さん（お父さん）に会いにきただけです。今度近くにきたときに寄らせてもらいます」と言い，すぐに帰ってもよいです。あまり無理に子どもの状態を聞き出すと保護者の抵抗感が高まります。保護者と顔つなぎをしておくという意識で家庭訪問したらよいと思います。

❷ゲームやマンガなど本人の好きなことについて話しましょう。
　無理をしないで，本人が好きなことを探してください。ゲームやマンガ，アニメなど教師が子どもに教えてもらうというスタンスでもよいと思います。ゲームなどがあれば一緒にやってもよいでしょう。

❸「欠席連絡が入るかどうか」で，保護者の気持ちを理解しましょう。
(1)保護者から電話連絡は入りますか？　電話連絡が入るなら，保護者としての役割を遂行しようとしています。
(2)欠席連絡は入るものの，家庭訪問で保護者と会って話ができない場合は，保護者が忙しくて物理的に不在である可能性，保護者が担任や学校に不満をもっている可能性，何らかの事情で，家に人を入れたくない可能性などが考えられます。担任からみれば「ノーマークの優等生」ですが，本人や家族は「担任にも学校にも全然面倒をみてもらっていない」と思っているかも知れません。
(3)欠席連絡もなく，保護者と会って話をすることも難しく，また本人にも会えない場合は，何らかの家庭的な事情があると思われます。この場合は市の教育センター，福祉の関係者と連携する必要があります。

❹保護者の事情を理解し，負担にならないように家庭訪問を続けましょう。
　保護者に会って話はできるが，連絡しても学校には来ないという場合は，保護者が学校に対する不信感をもっている可能性もあります。また，生活に追われ，来校する時間的余裕がないのかも知れません。背後にいじめの問題などがあり，子ども本人も担任に話せないのかも知れません。ここは会えることを大切にし，保護者や本人の負担にならないように家庭訪問を続けることが大切です。

4 友達とのトラブルから不登[校]

事例
友達とのトラブルから不登校になる事例は，小学校中学年ごろから現れ，小学校高学年や中学生ではさらに多く認められます。

考え方とポイント
友達とのトラブルの内容について，被害を受けた子ども，保護者の身になり受けとめる必要があります。子どもにトラブルを解決する能力がないとか，けんかは両成敗でと思わずに，まずは被害を受けている子どもをどう援助するかを考えます。

具体的な連携先
友達とのトラブルから学校や教室にどうしても入れないという場合は，市の適応指導教室や民間のフリースクールなどへの通学も考えられます。また，精神的なダメージのため医療機関を受診する必要がある場合もあります。いずれも，本人，保護者と連絡を取りつつ各機関と連携を進めます。

---

❶トラブルの内容を把握できているか？
子どもに会えて，トラブルの内容を担任が把握できているか。

→ できていない

↓ できている

❷いじめを伴う深刻なものか？
トラブルの内容はいじめを伴う深刻なものか。

→ 深刻なものである

↓ 深刻なものではない

❸長期的なトラブルか？
トラブルは長期的か。

→ 長期的である

↓ 長期的ではない

❹3名以上が絡むか？
3名以上の友達が絡むトラブルか。

→ 3名以上が絡む

↓ 3名以上が絡まない

トラブルの相手と担任が話し合う。話し合いができるようなら話し合いの場へ。ただし，本人が希望しない場合は解決を急がない。

校に（トラブル対応編）。

❶ トラブルの内容を子どもが安心して話せるように，「本人の許可なしに口外しないこと」，「何を話しても怒らないこと」を約束しましょう。

(1) まず，本人の許可なしに口外しないことを約束し，これを守ってください。
(2) 何を話しても怒らないと約束し，子どもの心情に寄り添ってください。
(3) 本人の負担にならないような頻度，方法で家庭訪問してみてください。例えば，1回の家庭訪問を10分程度にする，玄関だけで簡単に終わるなどです。回数を重ねることで信頼関係ができてくると思います。
(4) 保護者にトラブルの内容を話している場合は次頁の **5**『保護者支援編』も参照してください。

❷「よく話してくれたね」とねぎらい，いじめを受けている子どもの安全を守りましょう。

(1) トラブルを打ち明けてくれた子どもを「よく話してくれたね」とねぎらってください。最初に「この先生なら守ってくれる」という安心感を与えることが肝心です。
(2) 「あなたにも悪いところがあるのでは」，「気にしなければいいのよ」，「もっと強くなりなさい」といった言葉は，いじめられた子どもには絶対に言わないでください。
(3) 子どもは「ちくった」と思われないかと不安が増している可能性があります。子どもが「口外しないで」と言ったら，それを守る義務があります。小学校高学年や中学生の場合には，すべてのトラブルを話していない可能性があります。話に多少つじつまが合わないことがあっても，まずは受け止めてください。尋問になってはいけません。本人が安心して教師に話せることを第一に考えるべきです。
(4) 被害が明らかな場合は加害児童生徒に話を聞いてみてください。加害児童生徒も被害を受けている可能性があるので，話を聞くときは慎重にしましょう。あからさまに話を聞いてしまうと「ちくった」と余計にいじめが拡大したり，ますます教師や保護者の見えにくいところにいく可能性があります。加害児童生徒をよく観察し，学習面や生活面の課題があれば，その話をしてから，「気になること」についてやんわりと聞きたいものです。「お前が加害者だ」と決めつけたりしないでください。いじめは許されるものではありませんが，学校での苦戦，家庭での援助ニーズの高さから暴力行為に走るということもあります。
(5) 加害児童生徒がいじめを認めれば，両者を話し合わせ，謝罪の会を開くことも大事です。

❸ 長期的トラブルを受けている子どもは苦しんでいます。本人の気持ちに寄り添いましょう。

(1) 子どもは相当な苦痛を経験している可能性があります。また，長期的なトラブルに気づかなかったと，担任は責任を感じてしまうでしょう。一緒に登校したりメールを交換する親しい間でのトラブルなどは，なかなか気がつかないものです。
(2) まずは本人に寄り添うことが大切です。「なぜもっと早く言わなかった」と思うかも知れませんが，物事が深刻であるほど打ち明けるのが難しいことを理解したいものです。

❹ 3名以上が絡むトラブルは学級全体の問題につながっていく可能性があります。

(1) 3名以上が絡むトラブルとなると，複雑な要因が絡んでいます。被害感に苦しむ子どもを理解し支えながら，学級全体の問題へと発展する可能性も考えておく必要があります。
(2) 具体的にはQ-U（図書文化）などを用い，学級の現状把握をする必要があるでしょう。

5 友達とのトラブルから不登

事例

友達とのトラブルによる不登校の場合，保護者の心境は複雑です。「トラブルさえなければ」，「その子さえいなければ，いまごろ…」と考えてしまいがちです。「学校側の責任だ」と，無理な要求を一方的にしてくることもあります。まずは，保護者の気持ちをしっかり受けとめたいものです。

考え方とポイント

担任は，保護者の気持ちを受けとめ，共感し，保護者を支えながら，自分の学級内の対人関係を見ていくという高度な役割を担うことになります。担任だけではなく，学年主任，生徒指導主事，養護教諭，管理職などがチームとなって支援する必要があります。

具体的な連携先

校内ではスクールカウンセラーとの協働による援助が必要です。また，市の教育センターに協力を仰ぐことも考えられます。

❶保護者から連絡が入るか？
保護者から欠席の連絡が入るか。
→ 連絡が入らない

↓ 連絡が入る

❷保護者と会えるか？
保護者と会えて話ができるか。
→ 会えない

↓ 会って話ができる

❸保護者と相談できるか？
友達とのトラブルへの対応や，不登校について，保護者と相談できるか。
→ 相談できない

↓ 相談できる

チームで支援。保護者に許可を取りながら広くチームで支援していく。

校に（保護者支援編）。

❶ 電話や手紙，家庭訪問などで保護者と連絡を取っていきましょう。子どもにも保護者にも連絡が取れない場合，虐待の可能性があります。

(1) 電話連絡，家庭訪問，手紙など，定期的に連絡を取ってみましょう。
(2) 子どもと連絡が取れているならまだ安心ですが，子どもにも保護者にも連絡が取れないことが続くときは，虐待の可能性を視野に入れないといけません。その可能性があれば管理職と相談して児童相談所に通告することになります。

❷ 連絡をこまめに取り，週に1〜2度，保護者に時間があるときに話をしていきましょう。

(1) 保護者と会えないのは，保護者が子どもと友達のトラブルに対する学校の対応に不満をもっている可能性もあります。無理強いせず，しかし連絡は継続します。
(2) 毎朝の欠席連絡は保護者にとっても負担です。欠席が続くようなら「毎朝の欠席連絡の代わりに，週に1度か2度，お母さんが比較的時間の余裕があるときにお話したいのですが」とやんわり伝えます。いくらか時間の余裕があれば，話ができるかも知れません。

❸ 保護者のつらい気持ちを十分に受けとめ，「どうしてほしいのか」を聞いていきましょう。

保護者の嘆きを十分に受けとめ，要求や願いに耳を傾けます。

❹ 相談できない保護者の気持ちを大切に受けとめましょう。

保護者と相談できないということは，問題解決の障害となります。しかし，子どもの学校や担任には相談しにくいという保護者の心情にも配慮する必要があります。

❺ スクールカウンセラー，教育センターによる相談を紹介しましょう。

必要なら保護者にスクールカウンセラーによる相談，教育センターでの相談などを紹介しながら確実に援助が受けられるようにしていきましょう。

第1章 不登校・登校しぶり

6 親が「学校は行かなくても

事例

近年，家の人が「嫌だったら学校は行かなくてもいい」と言って，子どもを送り出してくれないというように，学校に登校することに意義を見いだしていない保護者，積極的に子どもを送り出さない保護者が増えています。

考え方とポイント

教師は「保護者なら当然子どもを学校に行かせるべきだ」とか「登校するのがあたりまえ」と考えてしまい，この保護者は問題だと捉えがちです。しかし，保護者は特殊な事情を抱えているかも知れません。子どもの登校は大事な問題ですが，保護者とつながらないと，子どもの登校には至りません。

具体的な連携先

校内ではスクールカウンセラーとの協働による援助が必要です。また，市の教育センターに協力を仰ぐことも考えられます。福祉の視点が必要な場合は，スクールソーシャルワーカーや福祉の窓口などが考えられます。

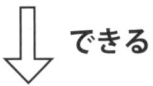
❶ 保護者と電話連絡は？
電話連絡ができるか。 → できない

↓ できる

❷ 保護者と会えるか？
担任が保護者と会えるか。 → 会えない

↓ 会って話ができる

❸ 家の様子がわかるか？
玄関に入って，家の様子をうかがうことができるか。 → 様子がわからない

↓ 様子がわかる

❹ 生活に困っている様子は？
生活の問題や子育ての問題について相談されるか。 → 困っている

↓ 困っていない

❺ 学校に対する不満は？
学校の対応に不満がないか。 → 不満がある

↓ 不満がない

ほかの教職員や行政の福祉の担当者などと連携しながら保護者の情報を収集する。ネグレクトの疑いもある。

いい」と言います（保護者編）。

❶ まずは保護者が在宅している時間に家庭訪問しましょう。10日以上会えないときは福祉の窓口にも連絡しましょう。
(1) 保護者が在宅していそうな夕方の時間に家庭訪問してみましょう。手書きの手紙などを入れてみてください。配布物などを封筒に入れて郵便受けに入れるのは，保護者との信頼関係がない段階ではやめたほうがよいと思います。
(2) 保護者，子どもに会えない状況が10日以上続く場合は，校内はもちろん，教育委員会，行政の福祉の窓口と連携を取りながらチーム援助会議を開きましょう。生活保護などの福祉のサービスを受けているなら，ケースワーカーに相談することも，問題解決へつながるかも知れません。
(3) 事態が改善されない場合は虐待の疑いも含めて検討し，疑いがある場合は学校の判断で児童相談所（子ども家庭センター）へ通告してください。

❷ 電話連絡を継続し，学校に手伝えることがないか聞いてみましょう。
(1) 保護者が電話を取ってくれる時間帯に連絡してみてください。
(2) 定期的に連絡を取り，保護者の苦労をねぎらい，学校が手伝えることがないか聞いてみてください。
(3) ある程度，話ができるようになったら，「子どもと会いたい」と希望を言ってみてください。

❸ 玄関先での家庭訪問，手紙での連絡などを続け，子どもの希望を聞いて支えていきましょう。
(1) 玄関先でもよいので定期的に家庭訪問してください。
(2) 子どもの様子を聞き，体調，食事，睡眠（何時に寝て，どのくらい寝ているのか，眠れているのか）などをさりげなく聞いてみてください。
(3) 登校にこだわらず，担任個人として支援したいと言い，勉強したい，友達と会いたいなどの希望があるかどうか聞いてみてください。
(4) 可能なら，担任が子ども宛の手紙を書いてみましょう。登校にはふれず，子どもの好きなこと，やりたいことを応援する内容がよいと思います。

❹ 保護者に生活上の問題がある場合，おせっかいにならないように注意しながら援助していきましょう。
(1) 子どもの不登校の話題を全面に出さずに，まずは保護者の支援をしましょう。ただし，保護者によっては「おせっかい」と受けとる人もいるので慎重に取り組みましょう。
(2) 保護者自身が健康上の不安があれば，通院を勧めてください。
(3) 家事などが負担であれば，市町村のボランティアやヘルパーの申請が可能かどうかを調べ，可能であれば，保護者に伝えてください。
(4) 生活保護などの行政の支援を受けている場合は，ケースワーカーに相談することもできます。

❺ 学校に対する不満をていねいに聞いてみましょう。
(1) 学校の対応について不満があれば，それをていねいに聞いてみてください。
(2) 問題解決のために保護者に「一緒に取り組みたい」と提案するのも一案です。

7 親が「学校は行かなくても

事例

　学校に登校することに意義を見いだしていない保護者の子どもや，積極的に送り出さない保護者の子どもを支援することは簡単ではありません。保護者が学校には否定的でも，本人は「登校したい」と思っていることもあります。しかし，保護者の影響を受け，「やっぱり行きたくない」と思ってしまうこともあります。

考え方とポイント

　子どもの登校に熱心ではない保護者の子どもが不登校になると，そのままずるずると学校に来なくなります。教師としては「保護者がだめなら子どもとつながり，登校させる」という気持ちになると思いますが，保護者ともある程度つながることが大切です。

具体的な連携先

　校内ではスクールカウンセラーとの協働による援助が必要です。また，市の教育サポートセンター，スクールソーシャルワーカーや福祉の窓口などが考えられます。

---

❶ **本人と会えるか？**
担任は本人と会えるか。　　　会えない

⬇ 会える

❷ **本人の表情は？**
本人と話をして，子どもの表情はどうか。　　　固い

⬇ やわらかい

❸ **子どもの好きなことが話題にのぼるか？**
子どもが好きなこと，趣味などについて話ができるか。　　　話題にのぼらない

⬇ 話題にのぼる

❹ **学校や学級の様子を聞いてくるか？**
学校や学級の様子を聞いてきたり，興味を示すか。　　　聞いてこない

⬇ 聞いてくる

❺ **友達に会いたがるか？**
本人が友達と会いたいとか，行事に興味を示すか。　　　会いたいとは言わない

⬇ 会いたいと言う

本人のペースで会わせる。

いい」と言います（子ども編）。

❶きょうだいなどを通して連絡を取ってみましょう。虐待の可能性も視野に入れましょう。

(1)保護者が嫌がらなければ，子どもに対してアプローチしてください。

(2)子どもに会うことを保護者が拒否した場合は虐待の可能性もあるので，虐待への対応も視野に入れてください。→4章「虐待を疑う」へ

(3)10日以上連絡が取れない場合は，学校内はもちろん，教育委員会，教育サポートセンターなどと連携し，チーム援助で支援案を検討します。→4章「虐待を疑う」へ

(4)その際に，昨年の担任に連絡を取り，可能ならチーム援助会議に参加してもらってください。きょうだいからも情報を得ましょう。また，きょうだいがいない場合は，休日にスーパーなどで本人を見かけたことがあるかどうか，教室の子どもたちにそれとなく聞いてみてください。

❷教師が会えるだけでもOKと考えましょう。

(1)会えていることが大切です。学校の話はしないで，子どもの好きなこと，興味のあることを話題にしてください。

(2)担任と会っていて，子どもの表情が曇ったり，会いたくなさそうなときは無理をしないで「また来る」と言い，早めに切り上げてください。

(3)答えにくそうな質問はしないほうがよいです。「何していた？」，「勉強していた？」などの質問は禁句です。問い詰めたり，説教したりしないでください。

❸子どもの興味に合わせて談笑しましょう。

(1)談笑できることが大切です。

(2)相手の年齢に合わせて，好きそうな話題（テレビやアイドルグループ，ゲーム，マンガなど）を教師から振ってみてください。さりげなく，教室の子どもたちから興味のありそうなことを聞いておき，そのことを話題にしてください。

❹学校の話題を極力出さずに，子どもが好きな話題に合わせましょう。

(1)担任と談笑し，好きなことが話せるのに学校のことが話題にのぼらないのは，学校に対して抵抗があると思われます。学校のことは脇に置いて，まずは子どもが好きな話をしてください。

(2)そのうえで，好きなことから社会につなげられないかを考えてみます。例えば，ゲームが好きな子どもであれば，ゲームショップに友達と行くことから，友達との交流を増やしていけないでしょうか。犬や猫が好きならば，ペットショップへ出かけることが考えられます。

(3)登校が難しいのであれば，例えば，教育センターなどの相談や適応指導教室に一時，通学することも考えましょう。

❺学校に興味が出てきたが，友達に会いたいとは言わない場合は，保健室登校や別室登校，放課後登校などを考えましょう。

(1)学校や学級の様子を担任に聞いてくるのに，友達に会いたいと言わないのは，学校や学級には興味があるが，友達に会うには敷居が高い状態と思われます。

(2)この場合，保健室登校や別室登校，放課後登校などを考えてみるとよいでしょう。保護者が登校に抵抗を示したら，子どもから保護者に頼んでみましょう。

8 孤立し「運動会には参加し

事例
　子どもが運動会などの行事に参加できなくなり，それが不登校につながるということが見受けられます。運動会は学校全体で取り組む行事であり，学校の1つのハイライトでもあります。しかし，集団行動が苦手な子どもにとって，運動会（当日だけでなく練習も含めて）をうまくやることは大変な努力が必要となります。

考え方とポイント
　集団行動が苦手な子どもにとっては，運動会の練習がストレスフルな体験となります。運動会の練習や運動会への参加にこだわらずに，まずは，子どもの援助ニーズをつかみ，確実に子どもを支えたいものです。

具体的な連携先
　集団場面が苦手，こだわりが強いなどのエピソードは発達の偏りが疑われます。校内では特別支援教育コーディネーターやスクールカウンセラー，校外では教育サポートセンターの相談員などとの連携が考えられます。

---

❶集団生活は苦手か？
普段からマイペースで集団生活が苦手か。 苦手

⬇ 苦手ではない

❷運動は苦手か？
運動が苦手で体育の時間も見学が多いか。 苦手

⬇ 苦手ではない

❸対人関係のトラブルは？
学級の友達との言い争いやいじめなどのトラブルを抱えていないか。 ある

⬇ ない

❹家庭で気になることは？
家庭での環境変化はないか。下の子どもの出産，保護者の仕事の変化，家族の入院，同居の開始，離婚などはないか。 ある

⬇ ない

学級や担任とのミスマッチの可能性もある。注意深く子どもを観察していく。

たくない」と言っています。

❶本人の負担を減らしましょう。
(1)運動会の練習はさまざまな形で集合したり，2人組や4人組になったり予想外の動きが多く，集団行動が苦手な子どもにとっては苦痛です。
(2)集団行動を軽減すると，本人の負担感が減る可能性があります。運動会の練習の役割を変えたり，運動会の練習を見学にするなどの措置がポイントです。
(3)この措置は，ほかの子どもの目もあるので，さりげなくすることが大事です。

❷教師ががんばりすぎないようにしましょう。
(1)運動が苦手な場合，それをほかの子どもから指摘されたり，苦手意識が高まり負担になっている可能性があります。
(2)運動会の練習の役割を変えることで（例：組体操での役割分担を変える），本人の負担感が一時的に軽減されるかも知れません。
(3)発達障害の疑いのある子どもの中には，運動能力が極端に低い子どもがいます。したがって，「運動会で苦手意識を取り除こう」などと教師がはりきりすぎると，ますます学校に行きにくくなり，逆効果となる可能性があります。

❸見学なども検討するとよいでしょう。
(1)運動会の練習は授業のように枠がない分，対人接触の機会が増大します。いじめを常習的に受けている子どもにとっては，さまざまな場面で攻撃的な言葉を投げかけられたり，体操服や運動靴を隠されたりするなどの被害にあう可能性があります。こうしたことは担任の目の届かないところで起きますから，複数の目で集団を注意深く観察する必要があります。特に着替え，移動の場面などに注目しましょう。
(2)本人とよく話し合い，運動会の練習が負担であると感じていたら，運動会の練習を見学させるなどの措置も検討してみましょう。ただし，こうした措置はほかの子どもの目もあるのでさりげなく行うのがコツです。

❹家庭での変化に注目しましょう。
(1)家庭で気になることがあるかどうかは，保護者がそのようなことをほのめかす，きょうだいも様子が変である（同じ校内や場合によっては校区の小学校や中学校にも相談してみる），家庭訪問をしても明らかに様子がおかしい，などのことからわかります。
(2)家庭環境の変化は言いにくい問題ですから，保護者から相談を受けるまでは学校側は待ちの姿勢を維持するほうがよいでしょう。時には子どもから相談されることもありますので，担任としては相談されたら傾聴することが大切です。担任が家庭の問題を解決することは難しいので，できるかぎり子どもの立場に立ち共感することが大切です。ただし虐待を疑うような内容の場合，管理職に相談する必要があるでしょう。
(3)保護者が相談してきた場合には，教師も行政の相談窓口，子育てボランティアの活用など，必要な情報を保護者に提供したいものです。

9 発達障害と思われる子どもの保護者が,

事例

発達障害は通常学級の児童生徒の7％弱といわれております。発達障害ということが，不登校がきっかけでわかる場合もあります。対人関係の苦手さ，こだわりや落ち着きのなさなどが対人関係でのしんどさにつながり，それが，不登校につながるのです。

考え方とポイント

まず，保護者の思いを受けとめることです。そして，ていねいにいじめの問題に対応したいものです。このプロセスの中で，保護者が自分の子どもについて悩み，障害そのものを受容できそうだと判断される場合は，専門機関の受診を勧めてみましょう。

具体的な連携先

校区内のスクールカウンセラーに相談しましょう。保護者ではなく担任の先生が相談してもよいと思います。また，発達障害については市町村の教育センターに相談することで，よいアドバイスが得られるかもしれません。

❶ **保護者と相談できるか？**
いじめについて，保護者と相談できる関係があるか。

→ 相談できる関係がない

↓ 相談できる関係がある

❷ **保護者の不満は？**
保護者はいじめの対応に不満をもっていないか。

→ 不満をもっている

↓ 不満をもっていない

❸ **障害を受容できそうか？**
わが子が発達障害である可能性を受容できそうか。

→ できそうにない

↓ できそうだ

❹ **専門機関に相談は？**
保護者は教育センターや病院などの専門機関に相談しているか。

→ 相談していない

↓ 相談している

いじめの問題解決に取り組む。保護者に，専門機関との連携を模索してみる。「教師が注意することはないでしょうか。医師や相談員の指導を受けたい」と保護者に申し入れましょう。

いじめが不登校の原因だと訴えています。

❶保護者の「思い」を受けとめましょう。
(1)相談できる関係にないと，保護者から一方的にクレームを受けたり，事務的な連絡だけであったりすることが多く，担任としては保護者とかかわることが苦痛になります。ただし，最初はクレームであっても会って話をして，真摯に耳を傾けることで関係性ができてきます。保護者とのかかわりを1週間ごとに区切り，変化したことを確認しながらかかわっていってください。

(2)そのときに大切なのは，「いじめ」の具体的な事実があったかどうかの調査です。もし事実があれば，加害児童生徒からの話を聞き，指導し，謝罪を申し入れてみてください。ただし，学校に対する不満が蓄積されていると，うまくいかないこともあるので慎重に行うことが大切です。

❷不満を受けとめてから，いじめ問題に取り組みましょう。
(1)相談できる関係があっても，いじめの対応に不満があれば，まずはそれを聞き，いじめの問題解決に努力する必要があります。

(2)担任からすると子どもの発達障害を疑う行動（マイペースで場違いな発言など）がいじめの原因と思うかも知れませんが，具体的ないじめの事実（攻撃的な言動や行動）があれば，加害児童生徒からの話を聞き，指導し，本人に対する謝罪を申し入れてみてください。

(3)保護者との関係がほぐれてきたら，発達障害ということは前面に出さずに，市の教育センターのような相談機関を紹介するのもよいでしょう。

❸発達障害はひとまず置き，保護者の思いを受けとめましょう。
(1)発達障害ということはひとまずそばに置き，まずは保護者の思いを聞くことを第一としましょう。

(2)本人の不登校の問題が解決するように努力しましょう。子どもに発達の偏りがあれば，保護者も日々の子育てに苦労しているはずです。そこに共感し，保護者を応援することが大切です。

❹保護者に相談機関について説明しましょう。
(1)教育サポートセンターについての説明や，関連施設である適応指導教室などについての情報を提供しましょう。教育サポートセンターや適応指導教室の場所や受付時間，相談の申込方法などの情報を具体的に伝えるのがポイントです。また相談の秘密は守られることも伝えましょう。

(2)病院での診察，療育（治療教育）については，学区のスクールカウンセラーに依頼し，保護者に説明してもらってもよいでしょう。

1 クラスの何人かが反抗的で

事例
小学校5年生の6月。教師の指示に従わない子が数人出現，クラスも落ち着かない雰囲気になっています。

考え方とポイント
子どもの言動の裏にあるサインを受け取る努力をしましょう。担任やその子が信頼している教師が話を聞きましょう。叱責・注意ではなく「何かあったの？」などと気持ちを聞くことがポイントです。

学級全体でも学級のルールと信頼関係づくりをすることが必要です。反抗的な子もクラスの一員として認める居場所づくりをしましょう。また，反抗の原因が授業のわからなさによることもあります。背景に家庭環境の変化がある場合は保護者と連携しましょう。それでも改善されないときはサポートの教職員をつけるなどの組織的対応を考えましょう。

具体的な連携先
地域の教育センターや青少年指導センターなどに相談するとよいでしょう。

---

❶担任の指導が通るか？ — 従う
反抗的でも一応，担任の注意を聞くか（従うか）。

 従わない

❷担任以外の教師の言葉には？ — 耳を傾ける
担任以外の教師の注意や言葉に耳を傾けるか。

 耳を傾けない

❸学習のつまずきは？ — ある
学習面のつまずきがあるか。

 ない

❹保護者との連携は？ — 取れている
保護者も子どもの状況を知って心配し，連携が取れているか。

 取れていない

教育センターや青少年指導センターと連携して対応しましょう。

❶**反抗的態度は何かの「サイン」です。個別に「何かあったの？」と聞いてみましょう。学級ではルールの再確認をしましょう。**
(1) 反抗的態度は何かのサインかもしれません。個別に呼んで「何かあったの？」などと話を聞くとよいでしょう。何人かをまとめて呼んで話を聞くと正直に話せない場合もあるので，個別に聞くことがポイントです。
(2) 反抗的態度の容認は学級全体の荒れにもつながります。学級のルールを授業だけでなく，給食や掃除などでも確認しましょう（荒れのサインとして給食のルールが守れなくなったり，掃除の態度が悪くなることがあります）。学級集団を見直すチャンスです。
(3) 反抗的態度を取る子どもたちは学級に居場所がありますか。彼らも参加できる活動をしながら学級の居場所を再確認するとともに，「ルールと信頼関係の再構築」をするとよいでしょう。

❷**まず担任以外の教師がじっくり話を聞いていきましょう。**
(1) 担任との折り合いが悪いことに起因して，反抗的な態度を取るケースです。彼らなりの理由がある場合が多いので，担任以外の教師（学年主任など）がまずじっくり話を聞くとよいでしょう。そして，抱えている問題や悩み・誤解があれば，担任に伝えて修復することが必要です。
(2) 学年主任やほかの教師のサポートが必要です。学級を崩さないためには，学年体育や宿泊学習・行事への合同事前指導など，学年での活動を通してほかの教師から指導（褒められたり注意されたり）を受け，しっかりとした活動ができるようにするのもよいでしょう。
(3) 必要に応じて，ほかの教師とチームを組んで授業をしたり，ボランティア学生を配置して反抗的な子のサポートをしたりすることも対策の1つです。

❸**一緒に問題を解いたりして学習面のつまずきをクリアできるようにサポートしましょう。**
(1) 反抗的な子の中には，「授業がつまらない」「授業がわからない」ことが不満となり，反抗的な態度につながっていることも少なくありません。学習のつまずきをクリアできるようにサポートしましょう。「一緒に計算問題を解く」「簡単な問題を解くことから自信をもたせる」など，不得意な部分を教師が手助けしてください。
(2) 学習のサポートのためにTTの教師やボランティア学生を配置するのもよいでしょう。また，個別に「わからないところを教える」「間違い直しをサポートする」なども大切です。

❹**保護者から，本人の気持ちや言い分を聞いてもらいましょう。**
(1) 保護者が子どもの学校での様子に気づいているときは，「どうしたのか」を保護者に聞いてもらいましょう。本人なりの言い分や理由があると思います。また，保護者も学校と連絡を取り合いながら，「腹が立っても暴力は振るわない」「授業中はほかの子の邪魔をしない」など「我慢するところ」をはっきりさせ，協力して指導するとよいでしょう。
(2) 必要に応じて授業の様子を参観してもらうこともあります。抑止力としてではなく，保護者に状況を見てもらい，どうしたらよいか話し合うための参観です。ただ，保護者が来校すると，子どもがあとで暴れたり，教師を信頼しなくなったりすることがありますので，注意が必要です。

2 クラスの何人かが，計算の

事例
　小学校4年生の6月。学習に集中しようとしていますが，何人かが計算の基礎的な問題ができていないのがわかりました。

考え方とポイント
　計算などの習得が十分にできていないと，上の学年での学習を身につけることができません。まず，つまずいているところを診断しましょう。そして，校内サポートで，つまずいているところを粘り強く個別指導し，やればできる自信をもたせましょう。

　ほかの教科はそこそこできるのに計算だけできない子（LD）の場合，その子の特性に応じた指導が必要となります。具体的方法は特別支援の指導主事などに相談するのもよいでしょう。また，家庭と連携して，少しずつできるようにサポートすることも大切です。

具体的な連携先
　教育委員会の特別支援教育担当の指導主事に相談をしてみましょう。校内体制の具体的なポイントを教えてくれるでしょう。

---

❶できないのは計算だけか？
簡単な計算ができないだけでなく，そのほかの学習にも顕著な遅れがあるか。
→ ほかにもある

 ほかにはない

❷つまずきの診断は？
どこまでできているか，何ができないか調べたか。
→ 調べている

 調べていない

❸個別指導ができる校内体制は？
授業中，担任をサポートする体制がとれるか。
→ とれる

 とれない

❹保護者の協力があるか？
保護者も計算ができないことを心配して手をかけているか。
→ ある

 ない

外部専門機関と連携を取りながら，指導体制と指導方法の見直しをしましょう。

基礎がわかっていません。

❶学習全体に遅れがあるときは個別指導が必要です。校内委員会で対応を相談しましょう。

(1)学習全体に遅れがあるときは個別の指導が必要です。各教科で「最低限できなくてはならないことは何か」を絞り込み,繰り返し指導をしましょう。学習への意欲を失わないように,できることを褒め,「どうせ自分はだめだ」と思わせないことがポイントです。

(2)校内委員会などで指導体制を相談しましょう。言葉による指導が理解しづらいなど苦手な面と,「具体物を活用すればできる」「図工など作業は好き」など本人の良さも紹介しましょう。子どもの状態によっては,通常学級より特別支援室での学習が適切な場合もあります。

❷つまずきの診断ができたら,本人の理解特性に合わせた指導方法を工夫しましょう。

(1)学習のつまずきがわかったら,具体的な指導が必要です。例えば,「九九ができていない」なら,毎日「百マス計算」を繰り返し,身につけていくなどです。「3分間で」など時間を区切って行うのもよい方法です。「計算の時間が縮んだ」など,できた喜びを味わわせましょう。

(2)本人の「理解特性」に応じた対応をしましょう。理解特性とは,図を示したらわかりやすいのか,具体的なものだとわかりやすいのか,意味を教えるとできるのかなどです。その子の理解しやすい方法を探って対応しましょう。

(3)個別の指導が必要です。校内で相談し,TTの教師やボランティア学生を配置するなどの対応もできるとよいでしょう(❸へ)。

❸理解しやすい面からの個別指導で,やればできる気持ちをもたせましょう。

(1)一斉授業では改善されません。個別の指導が必要です。本人の特性に応じた個別の指導こそ効果があります。苦手な面(プリント作業の繰り返しなど)からのアプローチではなく,比較的理解しやすい面(具体物・図の活用など)からのアプローチをしましょう。

(2)意欲とねばり強さを育てることがポイントです。本人の「どうせできない」とあきらめる気持ちから,「できたね」「がんばれたね」と,やればできることを個別指導で実感させてください。たくさん褒めるのもポイントです。意欲は「できた実績」と「認められること」から育ちます。

(3)教育委員会の特別支援教育担当指導主事に授業参観をしてもらいましょう。そのうえで具体的な指導方法について助言をもらえると効果的です。校内の共通理解を図って子どもに対応することにつながります。

❹「学習支援連携ノート」などで学校での対応を伝えながら,情報交換をしましょう。

(1)保護者と情報交換をしましょう。学校での対応を説明するとともに「理解しやすい指導方法」について情報を共有しながら進めることがポイントです。保護者が思うようにならないいら立ちを抱えているときは,その心理面のサポートも必要です。よく話を聞きましょう。

(2)学校と家庭での指導を相互にわかるようにする「学習支援連携ノート」を作るのも一案です。例えば「学校では5回挑戦し2回正確に言えました」「家庭では10回繰り返し言いました。3回正確に言えました」などです。できたらノートに「がんばりシール」を貼るのも効果的です。

3 授業が成り立たず，保護者

事例

小学校4年生の6月。教師の指導が通らずに子どもが勝手なことをしていて，授業になりません。保護者からも苦情がきています。

考え方とポイント

4月は比較的落ち着いていましたが，しだいに落ち着きがなくなり，教師の指示，指導を聞かなくなることがあります。

まずは学級の「学習ルールの再構築」が必要です。子どもへの指導法の確認と「守るべき約束」を明確にします。荒れのリーダーがいる場合は，個別に話を聞き，子どもの気持ちも理解しながら，授業態度の改善の方策を探りましょう。校内でサポート会議を開き，ＴＴでの指導，学年での指導など具体的な対応を考えましょう。そして，保護者には，現状と指導体制の説明をし，各家庭での指導の協力を求めましょう。

具体的な連携先

管理職が教育委員会に相談すると，具体的なポイントを教えてくれると思います。

---

❶ 担任は若手か？
担任教師の経験年数は5年未満かそれ以上か。

→ 5年未満

 5年以上

❷ 荒れの原因は？
荒れの原因がはっきりしているか。

→ はっきりしている

 はっきりしていない

❸ 学校のサポート体制は？
担任のサポート，学級への介入ができる体制か。

→ サポートできる

 サポートできない

❹ 保護者の協力は？
クレームを言う保護者に協力を依頼できる関係にあるか。

→ ある

 ない

教育委員会などに相談して，具体的な対応，人的サポートを要請しましょう。

からクレームがきています。

❶ベテランのサポートで指導を見直し，ルールやリレーションの再構築をしましょう。
(1)学級経営の基本となる「ルールとリレーション（ふれあい）の構築」ができていない可能性があります。子どもの好きなようにさせたり，指導がころころ変わったりすると，子どもたちは守るべきルールがわからず，担任への信頼が失われていきます。経験豊かな教師のサポートにより，若手教師もともに学級経営のノウハウを学ぶとよいでしょう。
(2)授業が単調ではありませんか。荒れの原因に「授業がつまらない」場合があります。教材研究をし，視聴覚教材の活用などで授業に集中させる工夫をしましょう。

❷個別の面接で荒れの原因を探るとともに，学級全体で守るべきルールを決めましょう。決めたことは教師も子どもも守り，一貫性をもたせましょう。
(1)教師に反抗的な複数の子どもに振り回され，全体が荒れる場合があります。まずは個別に面接をし，本人の言い分を聞きましょう。過去に「担任にひどいことを言われた」などの話が出ることもあります。そのうえでほかの教師も入って，「守るべき約束」を考えさせる指導が必要です。
(2)「これでよいか」と，学級全体で話し合いをもちましょう。自分たちで注意し合えれば秩序の回復は早いです。その後の指導は「自分たちで決めたことを守ろう」で進めます。自分たちでよい学級をめざす意識にすることが回復のポイントです。
(3)それが困難な場合，まずは「最低限の学習ルール」を決めましょう。「立ち歩かない」「黒板に書いたことはノートに書く」などです。子どもたちの合意のもと，「できそうなこと」から始めるのがポイントです。「あたりまえだけど大切なこと」を積み重ねましょう。
(4)「約束したことは教師も守る」ことが信頼回復のポイントです。「時間内に終わる」ならきちんと終わらせましょう。子どもの中で決めた約束を守っていない子がいたら注意をして，教師もきちんと決めたことを守るようにしましょう。「指導の一貫性」をもたせることです。

❸サポート会議で具体的な作戦を立てましょう。「いつまでに何をどうするか」はっきりさせることがポイントです。
(1)具体的なサポート会議（作戦会議）をしましょう。メンバーは担任，管理職，教務主任，学年主任，生徒指導主任などです。その子どもの前年度までの担任や保護者の情報も貴重です。秩序を速やかに回復させるための具体的な作戦を立てることが最優先です。
(2)状況に応じて，ＴＴの教師やボランティア学生を配置するなどの方法も必要です。
(3)保護者に学校のサポート体制を具体的に説明しましょう。「いつまでに，何をどうするのかをはっきりさせて説明する」とともに「対応の見直し期間」も決めておきましょう。

❹「他人につられない」などの指導を保護者と共同で進めましょう。原因となる子どもの保護者には，あたたかい声かけで心理的サポートをしましょう。
(1)保護者の理解が得られたなら，具体的な協力を要請しましょう。例えば，「ルールを破っている人のまねをしない」「他人につられないこと」「ノートを書く」などの指導・確認です。学校の方針を家庭でも共同でサポートしてもらうことが改善への近道です。
(2)原因となる特定の子どもがいる場合は，その保護者への説明とサポートも必要です。周囲から非難され，逆に攻撃的になることもあります。「一緒にがんばりましょう」と声をかけましょう。保護者もきっと困っています。

第2章 授業

4 立ち歩く子への注意で授業

事例
　小学校2年生の4月。すぐ立ち歩く子がいるため，授業がなかなか進まず，ほかの子にも影響が出て困っています。

考え方とポイント
　立ち歩きの原因がどこにあるのかを見きわめ，対応を工夫する必要があります。原因には学習のつまずきや，発達障害からくる多動傾向の疑いがある場合などがあります。
　集中させる授業テクニックを活用したり，役割を与え，動く場面を意図的につくったりするのも一案です。対人関係のトラブルがあるときは，家庭と連携した指導を進め，多少の我慢をする方法を身につけさせることが大切です。周囲も「困った子」とラベリングしないように指導しましょう。保護者との信頼関係が崩れることがないよう留意が必要です。

具体的な連携先
　まずは教育相談機関がよいでしょう。医療機関はそこから紹介してもらいましょう。

---

❶立ち歩く理由は？　理由がある
1時間，座って学習することが困難な理由があるか。

 理由がわからない

❷学習のつまずきは？　ある
立ち歩く教科の学習のつまずきはあるか。

 ない

❸発達障害の疑いは？　ある
多動傾向など発達障害の傾向があるか。

 ない

❹保護者も子どもの特徴に気づいているか？　いる
授業中立ち歩く子どもの様子を知っているか。

⬇ いない

子どもの状況を保護者に説明するとともに，学校の取っている指導方法を説明する。

が進みません。

❶立ち歩く理由が学習のつまずきにあるのか，周囲の刺激によるものか調べましょう。

(1) 学習のつまずきに起因することがあります。何ができないのか，本人が困っている点をいち早く見つけ，サポートすることがポイントです。

(2) 教科による違いはありますか。どの教科で立ち歩くのか，立ち歩く時間帯は午前中が多いか午後が多いかなども対応の方策を探る大切な情報です。教科による違いが顕著であるときは，学習のつまずきや「学習障害」が気になります（❷へ）。

(3) 周囲の刺激がありませんか。周囲に子どもの関心を示すものがあったり，近くの友達からの刺激があったりすると落ち着かなくなるケースもあります。座席による影響があることもあります。

(4) 授業などでかかわるほかの教師には立ち歩いたときの注意の仕方を確認しておきましょう。

❷個別指導をして，できる体験を増やしましょう。

(1) 学習面のつまずきがあるときには，個別の対応が必要になります。ていねいな指導や声かけによってできるようにしたいものです。主語，述語をはっきりさせた「わかりやすい話し方」を心がけましょう。つまずきをクリアするために粘り強く反復練習をさせ，できる喜びを感じさせましょう。

(2) 字はていねいに書けていますか。立ち歩く子は字が雑だったり，ノートを取らなかったりする傾向があります。「じっくり書く」などの体験不足です。ていねいにノートを取らせるとともに，できたらシールを貼るなど「できたことがよくわかるように」工夫しましょう。

❸本人の特徴を踏まえ，「課題は３つまで」などスモールステップの指導をしましょう。

(1) これまでの本人の行動の分析から，発達障害が疑われる場合があります。ADHD（注意欠陥多動性障害）傾向があるのかもしれません。本人の特徴を踏まえたスモールステップの具体的な指導方法を工夫します。本人と話し合い，「課題を３つ決め，できたらシールをあげる」など具体的な目標を立て，毎日評価しましょう。１つは比較的達成しやすい目標にするのがポイントです。

(2) 家庭での様子を聞きましょう。「落ち着きがない」，「すぐ気持ちが変わる」などの傾向があるか尋ねるとともに，対応策を一緒に考えましょう。家庭が取り入れているよい指導方法があれば教えてもらいましょう。共通理解のもとで指導をするのがポイントです。

(3) 保護者も対応に困っている場合には，教育相談機関や児童精神科医などの医療機関につなぐ必要があります。担任が「発達障害の疑いがある」と保護者に直接話すのは好ましくありません。保護者と悩みを共有し，できる手立てを講じたうえで教育相談機関を紹介しましょう。

❹保護者の悩みをよく聞き，信頼関係を築きましょう。学校での指導方法を紹介し，協力して進めましょう。

(1) 保護者も対応に困っているときには，学校での指導方法（３つの課題とシールなど）を紹介し，具体的な対応を学校と家庭とで協力して進めましょう（相互補完という）。

(2) 保護者との信頼関係があることが改善のために必要不可欠です。保護者の話や悩みをよく聞き，保護者を支えることが子どもの改善のためにも特効薬となります。

第２章　授業

33

5 授業中, 質問ばかりする子

事例
小学校3年生の5月。授業中, すぐに質問する子のために授業がなかなか進まず困っています。

考え方とポイント
低学年の場合, 思ったことをすぐ口にする子がいるのは珍しいことではありません。しかし, 少しずつ「話を聞く態度」や「質問の仕方」などの学習のルールを身につける必要があります。いわゆる「空気が読めない子」としての対人関係のトラブルがないかどうか調べましょう。

教師との人間関係を土台に, 「ソーシャルスキル」を身につけさせることや, 家庭と連携した指導を進めることがポイントです。

指導をお願いするあまり, 学校と保護者との信頼関係が崩れることがないよう留意が必要です。

具体的な連携先
教育相談機関に相談してみるとよいでしょう。

---

❶ 質問の内容は？
学習に関係のあることか, 自分が気になったことか。

→ 学習に関係のあること

↓ 自分が気になったこと

❷ 対人関係のトラブルは？
子ども同士の人間関係のトラブルはあるか。

→ ある

↓ ない

❸ 発達障害の疑いは？
ADHDやアスペルガー症候群（高機能自閉症）などの発達障害の傾向があるか。

→ ある

↓ ない

❹ 保護者も子どもの特徴に気づいているか？
場をわきまえず, すぐ質問する子どもの様子に気づいているか。

→ いる

↓ いない

子どもの状況を保護者に説明し, 状況を理解してもらったうえで, 学校の指導方法を説明し, 協力を求める。

どもがいます。

❶学習への意欲を認め，褒めましょう。「質問タイム」を設けるなど，学習のルールの確認をしましょう。

(1)学習に関連する質問が多いのであれば，学習に意欲をもっている証拠です。まずは，学習に積極的に参加していることを認め，褒めてあげましょう。

(2)次に「学習のルール」の確認をしましょう。「手をあげて，指名をされたら発言する」「先生の話は終わりまで聞く」などです。ルールを「守れたときに褒める」ことがポイントです。

(3)教師は説明のあとに「質問はありますか？」と「質問タイム」を設けるようにします。「今は聞く時間」「質問はあとで」など，ほかの子も同じルールで支え合えるようにしましょう。

(4)授業などでかかわるほかの教師にも同様の「学習のルール」を確認しておきましょう。

❷ソーシャルスキルや遊びのルールの確認をし，話し方を具体的に教えましょう。

(1)質問が学習面だけでなく，突然思いついたことを聞く子の場合は，対人関係のトラブルがあることがあります。遊びのルールを守れなかったり，自分勝手な行動をしたりすることがあります。トラブルの原因は何かを確認しましょう。

(2)「遊びのルール」であれば，遊びの前にルールの確認をしましょう。遊びの途中で抜けるときには「ちょっとごめん。抜けていい？」などの話し方を教え，友達に話す練習をさせましょう。

(3)ソーシャルスキルが身についていない可能性があります。社会性を育てるために，何かを頼むときは「すみませんが」と言ってから話すこととか，だれかと遊んでいて，やめたいときには，「ごめんね」「やめていい？」などの言葉をかけるなど，具体的に教えましょう。

❸発達障害関連書籍を参考に具体的方策を試してみましょう。保護者が困っているときは，まずは発達障害に詳しい教育相談機関を紹介するとよいでしょう。

(1)これまでの言動や前担任などの話から，発達障害が疑われる場合があります。まずは，その子の行動の特性を分析し，ADHD傾向・アスペルガー症候群の子への対応が書かれている本を参考に，具体的な指導方法を工夫しましょう。

(2)家庭での様子を聞きましょう。どのようなしつけ（指導）が効果的か保護者に教えてもらうのも1つの方法です。同時に学校でどのような指導をしているか保護者に伝えましょう。共通理解のもとに指導をするのがポイントです。

(3)保護者が困っている場合には，教育相談機関や児童精神科医などの医療機関につなぐ必要があるかもしれません。しかし，担任が「発達障害の疑いがある」などと保護者に直接話すのは好ましくありません。保護者と悩みを共有し，できる手立てを講じたうえで，まずは発達障害にも詳しい「教育相談機関」を紹介するのがよいでしょう。

❹保護者の悩みをよく聞き，信頼関係を築きながら，同じ指導を学校と家庭が協力して進めましょう。

(1)保護者も子どもの様子が気になり，対応に困っているのなら，学校でのやり方を紹介しましょう。同じ指導を学校と家庭が協力して進めると効果があります。

(2)保護者の悩みを聞きながら支えることが，子どもの改善のためにも特効薬となります。保護者の悩みに寄り添い，信頼関係を構築することがポイントです。

第2章 授業

6 保護者に特別支援学級をど

このままだと心配…
保護者に相談しなくては

事例

小学校3年生の6月。理解力が乏しく学習全般に遅れがある子がいます。特別支援学級に行ったほうがよいと思うのですが，どのように保護者に伝えればよいでしょうか。

考え方とポイント

発達に遅れがある子が授業についていけなくなるのが3年生です。まずは特別支援教育コーディネーターに相談し，「校内委員会」で検討し，学校としての方針をもつとよいでしょう。保護者との初期面談で，いきなり特別支援学級を勧めるのは逆効果です。ていねいに現状を説明し，保護者が特別支援学級に関心をもち始めたら，外部の教育相談機関を紹介しましょう。保護者との信頼関係を築き，外部の専門機関と連携しながらスモールステップで進めましょう。保護者の揺れる感情・不安をよく聞くことが大切です。

具体的な連携先

特別支援教育に詳しい専門機関に保護者とともに担任が相談に行くのがよいでしょう。

---

❶ 学習の遅れの程度は？
2学年以上の遅れがあり，個別指導でもなかなかできるようにならないことをつかんでいるか。

→ つかんでいる
↓ つかんでいない

❷ 保護者の気づきは？
保護者が子どもの発達の遅れに気づいており，特別支援学級への入級を考えているか。

→ 気づいている
↓ 気づいていない

❸ 保護者との信頼関係は？
保護者との信頼関係があり，連携がとれているか。

→ ある
↓ ない

❹ 管理職のサポートは？
管理職が保護者の特別支援教育の相談に対応することができるか。

→ サポートできる
↓ サポートできない

地域の特別支援教育に詳しい専門機関を紹介し，保護者と一緒に相談に行く。

う勧めればよいでしょうか。

❶2学年以上の遅れについては，授業での様子や漢字・計算などの習得状況を具体的に伝え，今後の指導について相談しましょう。

(1) 生活面を含めた発達の遅れが2学年以上あり，個別指導でもなかなか学習が身につかない場合は，特別支援教室への入級も視野に入れなければなりません。特に3年生以上になるとその開きは顕著で，本人にとって教室の授業場面がつらいものになる場合があります。

(2) 学習の遅れがあることは知っていても，どの程度の遅れなのかを保護者が知らないことがあります。ここでは，実際の授業での様子や計算，漢字の書き取りなどの習得状況などを紹介し，「遅れの大きさ」「個別指導がもっと必要なこと」などのほかに，教室での本人の様子を伝えるとよいでしょう。

❷専門機関への相談経験を糸口にしたり，特別支援学級担任を交えたりしながら，本人の将来を第一に考えた相談を進めましょう。

(1) 発達や学習の遅れがあることを保護者は自覚しています。認識にずれがないように，学習の遅れの大きさや授業中の本人の様子を伝え，共通理解のもとに相談を進めましょう。

(2) 専門機関に相談に行った経験の有無も解決への糸口になります。相談に行った経験があるなら，そのときの状況を聞きましょう。専門機関のコメントを保護者がどう受けとめているのかを知るのがポイントです。肯定的に表現していれば，今後の展開がしやすいでしょう。

(3) 「本人の将来を一緒に考える」ことが共通の相談課題です。まずは，保護者の不安に寄り添いながら，「今」ではなく，「これから」など将来を見すえた相談をしましょう。

(4) 保護者が特別支援学級担任と話をする機会を設けたり，授業参観を勧めたりしましょう。実際に見てもらうことが安心・信頼への近道です。相談を「特別支援学級でする」のもよい方法です。疑問に答えられますし，不安の軽減にもつながります。また子ども本人が「体験入級」をして，工作や調理実習などを一緒にするのもよいでしょう。特別支援学級の担任や子どもたちに慣れることも入級をスムーズにします。

❸入級を勧めるより，保護者の話をよく聞くことが近道です。

(1) 特別支援の相談は，保護者との信頼関係なしには進められません。信頼関係を構築するには「よく話を聞くこと」です。保護者が困っていること（がんばっているのにできないなど）に寄り添い，じっくり耳を傾けたうえで今後の相談をするとよいでしょう。

(2) 次に保護者と一緒に管理職に相談しましょう。担任が特別支援教室を勧めるのではなく，管理職を含めて，子どもの教育を考えることが大切です。「担任がうちの子をお荷物扱いして特別支援教室に入れようとしている」と誤解されないようにすることがポイントです。

❹管理職自身が保護者をサポートしていきましょう。

(1) 特別支援教室への入級にあたっては，保護者が不安に思ったり，気持ちが揺れ動いたりするのは当然です。その揺れ動く保護者の気持ちや不安感を受けとめるのが管理職の役割です。保護者の気持ちを尊重しつつ，子どもの成長を願う管理職の姿勢を示すことで，保護者の不安が信頼に変わることが少なくありません。「来てよかった」と，保護者に言ってもらえる相談にしていきましょう。

(2) 外部専門機関との連携を支えるのも管理職です。特別支援教育コーディネーターが窓口ですが，管理職も専門機関との連携が取れるネットワークをもっていることがポイントです。

1 教室を飛び出してしまう生

事例
中学校1年生の男子生徒です。授業が始まってしばらくすると落ち着きがなくなり，教室を飛び出そうとします。周囲の生徒にも影響があり，対応が大変です。

考え方とポイント
まず，本人の状況を見直してみましょう。学校だけでなく家庭での様子にも目を向けます。保護者との信頼関係を築いたうえで中学校に入学するまでの様子について聞いてみます。一方で，学級全体にも目を配ります。最近，私語が増えてきたとか，学習形態に班活動が増えたなど，直接関係がないように思えることも点検します。そのうえで，発達障害が疑われる場合は専門機関を活用し，連携して適切なサポートを行うことが大切です。

具体的な連携先
発達障害が疑われる場合は，本人，保護者の同意を得ながら教育研究所（センター），児童相談所，療育センター，医療機関などと連携するとよいでしょう。

---

❶ **飛び出す際の状況把握は？**
教科内容や友達とのトラブルなど飛び出す前兆が把握できているか。
→ 把握していない
↓ 把握できている

❷ **昨年の様子は？**
昨年も飛び出していたか。
→ わからない
↓ 飛び出していた

❸ **飛び出し行動の減少は見られるか？**
現在の対応で，飛び出し行動は減少しているか。
→ 減少していない
↓ 減少している

❹ **家庭での様子は？**
家庭での生活の様子を把握しているか。
→ 把握していない
↓ 把握している

本人が落ち着いているときに話し合いながら，本人のために家庭・学校が協力して指導・援助することを確認し，行動面を改めていくよう努める。

徒がいます。

❶多くの教師で情報をもち寄り，飛び出す前後の状況を確認しましょう。

(1) まず，飛び出すときの状況について情報を集めます。まずは1週間，飛び出す状況を記録してください。その際に，学級担任や教科担任など1人による確認ではなく，学年や部活動の顧問など関係する教師，養護教諭等なるべく多くの教師が情報をもち寄って点検しましょう。大切なのは，飛び出した前と後の状況です。飛び出す前の状況は授業担当の教師が把握しやすいですが，飛び出した後の行動は，ほかの教職員が把握しているはずです。こうして飛び出す生徒のことを客観的に見直すことが肝心です。

(2) すべての授業で同じように（どんな授業のときに）飛び出すか，授業開始後どれぐらいで飛び出すことが多いか，教室の環境の変化と関連はないかなど，曜日，天候，時間帯，科目，授業形態，周囲の生徒の様子など飛び出す際の共通点や例外はないかを確認してみます。

❷去年の担任に聞いてみましょう。「教室から飛び出す」状況が以前から続いているならば，環境よりも生徒本人の要因が大きいと考えられます。

さらに，昨年はどうだったのか，その時の担任に聞いてみましょう。昨年も飛び出していたなど，この状況が2～3年続いているならば，環境要因というよりも生徒本人の要因が大きく影響していると思われます。中学校に進学するまではどうだったかについて，出身小学校に問い合わせてみることも大切です。

❸これまでの対応がうまくいっていないとき，対応の仕方を変えてみましょう。

これまでどおりの指導，例えば，追いかけて連れ戻す，また飛び出すという繰り返しが功を奏していないのなら，その生徒，そのケースに合っていないと考え，かかわり方を変えてみましょう。例えば，飛び出したときのために，あらかじめ別室で過ごせる場を準備しておき，自由な環境を与えてみたり，学習課題を与えてみたりします。無期限，無制限でこういう取り組みをすることは現実的ではなく，効果も出にくいので，一定の期間に限って取り組み，教室で平静に授業が受けられる手がかりを見いだしましょう。

❹保護者の「困り感」に寄り添いながら，家庭での様子を聞いてみましょう。

(1) 保護者に家庭での生活の様子を聞いてみます。学校での様子と似たような行動はないか，学級で飛び出した時期に家庭での変化はなかったかなどを確認してみます。幼稚園・小学校時代に親として気になることはなかったか，その状況について話を聞いたり，幼少期からこれまでに気になることはあったかなどを聞くとよいでしょう。

(2) 大切なのは保護者の困り感に寄り添うことです。「お母さんの子育てが間違っていた」と言ってはいけません。教師が保護者に，共に考え共に取り組んでいく姿勢を示し，信頼関係のもとで事情を尋ねないと不信感や不安感が先に立ち，意味のある支援を考えることができません。学校が本人に役立つ取り組みを共に考え，具体的な対応策を提案することです。

(3) こうした生徒は発達の偏りがある可能性があります。本人，保護者の障害受容との兼ね合いもありますが，これまでに診断を受けていないなど個々の事情を理解し，できるかぎりの環境づくりを試みるよう検討することが大切です。その際に，専門機関と学校が連携して，専門家の知見を取り入れながら行うと，より有効な方策が見いだしやすくなります。また，当該生徒へのサポートは多くの生徒にとっても有益なものであるというユニバーサルデザインの発想で取り組めば，全体の教育環境の改善にもつながるでしょう。

2 家のお金を盗んでいるらし

事例
保護者から,「子どもが家のお金を盗んでいるようだ。どのように対応したらよいか困っている」との相談を受けました。

考え方とポイント
子どもがお金を盗むことは,たとえ家族の間であっても見過ごすわけにはいきません。しかし,家族にわからぬように家のお金を盗んででも手に入れようとするのには,それなりの理由があると考えられます。金銭感覚や善悪に対する価値観の未熟さ,どうしても手に入れたい物があるとの欲求を抑えられずにとってしまう行為,友人や先輩などから脅されてとっている可能性も考えられます。また,お金が欲しい,必要だと言うことができない家族との人間関係があるようなら,これについて見直すことも必要です。

具体的な連携先
犯罪性があると思われる場合は,児童相談所や少年サポートセンターなど専門機関を活用しましょう。

---

❶ 状況確認は？
できるだけ正確な状況確認はできているか。 → できていない

↓ できている

❷ 生活に変化はないか？
高価な持ち物が増えていたり,友達とファーストフード店やショッピングセンターに頻繁に出かけるなどの変化はないか。 → 変化がある

↓ 変化はない

❸ 交友関係のトラブルは？
交友関係などにトラブルはないか。 → ある

↓ ない

❹ 学校,家庭での人間関係は良好か？
学校,家庭での人間関係にトラブルや問題点はないか。 → 問題点がある

↓ 問題点はない

保護者と本人が,この問題を避けずに,しっかりと話し合う機会をもつ。

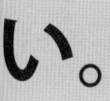

❶**保護者に本人と話し合うことを勧め，正確な状況を把握しましょう。**
(1)このような事例が発覚したとき，保護者は慌てている場合が多いです。いつごろからお金がなくなっているのか，頻度や金額はどのくらいかなど冷静に振り返りながら本人と話し合うことを勧めましょう。
(2)保護者が本人に聞くことをためらう場合は，その事情を尋ね親子関係について把握できるとよいでしょう。場合によっては保護者と相談のうえ，本人との話し合いに教師が加わることがあってもよいでしょう。

❷**家庭での本人の生活の変化に着目し，服装や所持品を点検してもらいましょう。**
(1)本人の生活の変化に着目してみましょう。服装や所持品の変化，例えば着るものが派手になったり，過度に身だしなみに気をつかったりしていないか，またカードゲームを大量に買い込んだり，ゲームソフトや高価な物品が急に増えたりしていないかチェックしてみましょう。
(2)昨今はインターネット環境と本人名義の銀行口座等があれば，さまざまな物品を容易に購入できます。日時指定をし，代引きで支払えば家族のいない時間を見計らって購入することも可能です。また，ネット上で未成年でもアダルトサイトを利用することが可能であったり，悪質な業者との取引にかかわる可能性も潜んでいます。
(3)また，本人が盗んだお金で，ファーストフード店やショッピングセンターに行き，友達におごるという行動も見受けられます。こうしたケースの場合，おごられた子どもの保護者や他の保護者から教師に連絡や情報が入ることがあります。

❸**家庭と協力して学校生活や交友関係を点検し，トラブルがあれば解決しましょう。**
本人に物品の購入などお金を使っている様子がうかがえない場合，学校生活や交友関係などにも注意を払います。先輩や同級生にゆすられたり，たかられたりするトラブルに巻き込まれていないか，あるいは周囲の関心を引くために，自らおごったり金品をあげたりしていないかを，学校と家庭が協力して点検してみましょう。もし，このような事象があれば早急にトラブルの解決に取り組みましょう。

❹**家のお金を盗む背景にあるものを考えましょう。**
(1)家のお金をとる行為にのみ目を奪われることなく，その背景について考えることも大切です。❸のような交友関係のトラブルが潜んでいる場合だけでなく，本人の善悪の判断の乏しさ，お金に対する価値観のなさが潜んでいるとも考えられます。
(2)欲しい物があっても買いたいと言えない，話してもわかってもらえない，聞いてもらえないという親子関係があるようなら，本人の成長に即したかかわり方を見直しましょう。
(3)保護者から受ける愛情を十分に感じることができないことによる，代償行為である可能性も考えられます。本人は無意識で行うこともありますので，これまでの親子関係を改めて見直してみることも必要です。

3 たばこを吸っている生徒が

事例
たばこを吸っている生徒が増えて困っています。喫煙しているところに出くわすことはまれですが，トイレや人目につかない場所で吸い殻を見つけることがあります。

考え方とポイント
生徒の喫煙行動のまん延化を食いとめるには，現状を転換しようとする仕切り直しの意識をもつことが重要です。そのうえで，喫煙行動の実態を把握し，個別の指導と全体の指導について計画を立てます。そして，保護者，地域，関係機関の協力を取りつけ，地域ぐるみで取り組みます。

生徒指導部を軸にし，対症療法と予防開発的（健康教育，規範意識やモラルの向上など）な取り組みの両面からの指導・援助を行うようにします。

具体的な連携先
心の健康総合センターや少年サポートセンターなどの積極的活用を検討しましょう。

---

❶ 実態の把握は？
喫煙の実態を把握しているか。
→ していない

↓ している

❷ 当該生徒への指導は？
喫煙生徒（グループ）への具体的な取り組みを行っているか。
→ していない

↓ している

❸ 周囲の生徒への指導は？
周囲の生徒への具体的な取り組みを行っているか。
→ していない

↓ している

❹ 家庭・地域との連携は？
家庭・地域との協力，連携は十分できているか。
→ していない

↓ している

「罪を憎んで人を憎まず」の姿勢でかかわり続けましょう。

多くて困っています。

❶校区・家庭の状況について情報を集め，仕切り直しの機運を盛り上げましょう。

まず，だれが，いつ，どこで，どのような状況で喫煙しているのか，たばこはどのように入手しているのか（年齢確認のあいまいな店で買う，自動販売機の不正利用，弱い者に買わせる，管理不十分や喫煙に対する意識の低さから保護者が与えているなど）校区・家庭での状況について情報を集め，実態を把握します。そして，校長が先頭に立って，学校が本気で喫煙問題に取り組む意思や決意を示すことです。教職員による校内や校区パトロール，警察の生活安全課から講師を招いて禁煙教育講演会などを行います。そして，「学校（学級）通信」や「生徒会だより」で，生徒や家庭への呼びかけを行い，校区をあげての取り組みにするよう家庭，地域に働きかけることです。こうして，現状を変える仕切り直しの機運を盛り上げ，家庭，地域の環境改善も視野に入れるとよいでしょう。

❷平生から生徒と信頼関係を築き，親身に，真剣に指導しましょう。

喫煙をする生徒への対応についても，マンネリズムに陥らないように仕切り直すことが大切です。問題行動を起こしたとき，頭ごなしに叱るばかりでは，生徒のほうに「またか」の気持ちが起きて改善の兆しは遠のくばかりです。喫煙行為については厳格に叱りつつ，彼らの思いに耳を傾ける姿勢で一人一人の良さを見いだしながら接し，平生から信頼関係を築く努力を怠らないことです。教師自身の少年時代の自己開示を交えながら，共に生き方を考える機会があってもよいでしょう。本人のためを思っていることが相手に通じるように指導・援助することを心がけてみましょう。また，生徒指導主事と担任，学年だけが抱え，指導するのではなく，例えば部活の顧問などとも連携（チーム援助）し，さまざまな教師にかかわってもらうことも考えられます。

❸学年・学校ぐるみでの健康指導，規範意識の向上に努めましょう。

周囲の生徒に対してもたばこや薬物の害を訴える健康指導を行ったり，規範意識やモラルの向上に努めます。また，各担任による学級経営の点検・見直しを行ったうえで，必要に応じて学年ぐるみの取り組みを行います。喫煙する生徒と幼なじみの生徒がいる場合もあるので，交友関係や真の友情について考える機会をもつことも効果があるでしょう。さらに，生徒会活動でも取り上げるようにして，生徒自らが意識をもって，「校内クリーン（たばこ撲滅）キャンペーン」を行うなど学校全体で取り組むことも検討しましょう。

❹保護者や地域向けの研修会，地域パトロールなどで意識の変容に努めましょう。

喫煙をする生徒に対する指導や取り組みに連動して，家庭・地域との協力，連携の働きかけが大切です。まず，「PTAの意識改革」です。保護者や地域の人々の中には「うちの子とは無関係」や「中学生がたばこを吸うぐらいで目くじらを立てなくても」程度の意識をもっている場合もあります。保護者や地域向けの研修会や地域パトロールなどを実施しながら，こうした意識の変容に努めます。そして「地域諸団体への協力要請」です。学校と保護者が核となり，民生委員や青少年指導員などに働きかけたり，保護司会やBBS（Big Brothers and Sisters movement）会が行っている「社会を明るくする運動」や地域振興活動などと連動して，地域環境の向上にも心がけるとよいでしょう。また，普段は指導場面でしか顔を合わさない喫煙する生徒の保護者と，こうした機会に，その困り感に寄り添いながら話し合う機会をもつことも有効でしょう。

4 年上の男性とつき合っている女子

事例
中学校2年生の女子生徒です。保護者から，「年上の男性とつき合っているようだ。帰宅時間が遅いこともある」との連絡を受け，心配しています。

考え方とポイント
本人と信頼関係がある身内や教師などが話を聞き相談にのりながら，事実を把握することが重要です。「援助交際的なものである場合」「先輩とつき合っている場合」など，実情によって対応は異なります。例えば，前者では未成年を守る姿勢が必要ですし，金品目当ての場合は動機や規範意識など，その心情にも注意を向けることが大切です。また，対人関係の希薄さ，自尊感情の低さが背景にあるとも考えられ，家族関係を見直すことも重要です。

具体的な連携先
援助交際の可能性がある場合は，児童相談所，少年サポートセンター，警察など関係機関とも連携して対応することが大切です。

---

❶ **事実確認は？**
事実確認はできているか。 → できていない

⬇ できている

❷ **援助交際の疑いは？**
いわゆる「援助交際」の可能性はあるか。 → ない

⬇ ある

❸ **家庭との連携は？**
家庭との連携は十分できているか。 → できていない

⬇ できている

❹ **関係機関との連携は？**
少年サポートセンターなどの関係機関を活用しているか。 → していない

⬇ している

学校，家庭で本人の自尊感情を高めるかかわりを構築しましょう。

がいます。性的な非行が心配です。

❶秘密保持を明言して，保護者からていねいに事情を聞き取りましょう。

保護者の心情を察しながらていねいに聞き取り，事実なのか，推測で語られているのかを判別しつつ，状況を整理します。また，個人の秘密を守ることを明言します。担任よりも養護教諭やスクールカウンセラーが聞くほうがよい場合もありますので，保護者の意思を尊重しましょう。当該生徒の学校内外での行動を観察し，事実確認を行っていきましょう。

❷人づきあいや異性との交際，家族の人間関係を見直しましょう。

(1)クラスの友人，部活仲間，特に親しかった友人との関係を見直しましょう。また，最近急に親しくしている友人などの様子も保護者とともに注意してみましょう。

(2)愛情欲求の代償行為と考えることもできます。成長していく子どもと家族の絆，子どもへの愛情の表現，家庭における父性（男性性）イメージ，家族間コミュニケーションの取り方など，家族関係の見直しを促したいところです。例えば生活習慣の変化から「孤食」が取りざたされる昨今ですが，保護者が食事時をコミュニケーションの場として家族みんなで食卓を囲むよう心がけてはどうでしょう。そこで無心に食事をする子に目を細め，何げない会話をするのです。最初は「いただきます」「ごちそうさま」を唱和するだけでもよいでしょう。

❸学年・学校・家庭ぐるみでの自尊感情，規範意識の向上に努めましょう。

(1)「愛されたい」「受け入れられたい」「仲間はずれにされたくない」など，淋しさから人とのふれあいを求め，自己イメージや自尊心の低さに情緒性の未熟さが手伝って，欲望や感情のままに行動してしまっている可能性もあります。保護者や教師は，生徒が自分のことを大切に思ってくれる大人がいること，真剣に温かくかかわる大人の存在を実感し，安心できるような言葉がけや態度を積極的に示す必要があるでしょう。

(2)また，現代のIT社会の環境は，子どもがサイバー犯罪の被害者になる可能性が高いです。学校教育や家庭教育で情報モラルの啓蒙を行うとともに，携帯電話会社やインターネット・プロバイダが無料提供しているフィルタリングサービスを利用することも大切です。

❹ケースごとに適切な関係機関に相談，連携を図りましょう。

(1)援助交際である場合，児童福祉法，青少年健全育成条例に照らしてその違法性を認識し，未成年者の保護の観点から保護者へ助言をすることが大切です。また，かかわったきっかけについても注意が必要です。インターネット上のサイトへのアクセス，広がった交友関係からの紹介，背景に組織的なつながりがあるかもしれません。生徒指導として当該生徒の周辺から当該学年，他学年において同様の事例，被害がないか点検を行うことも大切です。そして，当該生徒保護者とともに少年サポートセンター，少年補導センター，警察への相談，連携を図ります。

(2)ケースによっては，初交経験時のショックがトラウマとなり行動障害を起こしていたり，起こす可能性があります。こうした場合，心理的・医療的なサポートが必要です。スクールカウンセラーや心身の総合的な相談機関である保健センター，心の健康相談センター，そのほか専門の相談機関を活用するようにします。

5 数名の生徒が学校を荒らしています

事例

中学校2,3年生の5～6名がグループで徘徊し，校内を汚したり，器物を破壊したりします。注意する教師に反抗的で，挑発的なことをして授業を妨害します。周囲の生徒は距離をおいて見ていましたが，最近では面白がってはやし立てる生徒も出てきました。

考え方とポイント

この事例対応の基本は，学校（教師）側がすべての生徒に対して，いかなる状況においても「だめなことはだめ」という毅然とした態度で指導しかかわることです。それぞれの生徒の背景や援助ニーズを押さえた取り組みの方法や工夫は，この基本に則って行われなければなりません。また，この方針（の転換）は，教師，生徒で確認するのみならず，家庭，地域にも情報を発信しながら，学校，地域ぐるみで取り組むことが大切です。

具体的な連携先

教育委員会，少年サポートセンターなどとの連携を日ごろから心がけておきましょう。

---

❶毅然とした態度で接しているか？
問題を起こしている生徒に対して毅然とした態度で接することができているか。
→ できていない
↓ できている

❷学校全体で取り組んでいるか？
問題行動への対応，校内環境整備など学校全体の取り組みとなっているか。
→ 取り組んでいない
↓ 取り組んでいる

❸PTAや地域との協力は？
PTAや地域と協力・連携できているか。
→ できていない
↓ できている

❹生徒との関係は？
関係は改善しているか。
→ 改善していない
↓ 改善している

「だめなことはだめ」の姿勢と生徒のよさやできたことを認め，ほめる姿勢の両面を明確に示しながら取り組みを継続する。

周囲の生徒は面白がって見ています。

❶全生徒の前で,「だめなことはだめ」という明確な指導姿勢を示しましょう。

(1)問題行動が常習化する状況

　問題を起こすグループの生徒たちは,集団化し,エスカレートして逸脱行為を繰り返します。教師は徐々に激化するグループの生徒たちの行為に対し,個々の生徒に対する思いもあって,毅然とした姿勢で制止しきれなくなってしまいます。そしてしだいに,別室で彼らを落ち着かせて個別に指導するというパターンに慣れてしまいます。これではグループの生徒たちの行動にブレーキはかけられず,周囲で見ている他の生徒たちによい影響を及ぼしません。別室指導は他の生徒たちには見えませんので,「私たちはちゃんとしているのに,先生は彼らに甘い」と映り,その結果,教師への不信やその指導姿勢に不公平感を抱きます。そして,なかにははやし立てる行動をとる生徒が出てきたり,諦めとともに教師の対応を冷ややかな目で見るようになったりします。

(2)問題行動への毅然とした対応

　こうした状況で教師は,どの立場の生徒とも関係は悪くなり,指導できないという悪循環に陥り,結果的に問題行動を「見て見ぬふり」してしまいます。そこで,問題行動に対して学校(教師)側は,周囲の生徒の見ている前で「だめなことはだめ」という毅然とした姿勢と態度に徹することが必要です。こうした対応で,周囲の生徒たちの「先生たちは何もしてくれない」「私たちが何をやっても無駄」という思いを,「先生たちは頑張っている」「わかってくれている」という形に変えながら,信頼の回復,強化に努めましょう。

❷教師集団として学校ぐるみの取り組みを展開しましょう。

　個々の教師の決意と努力だけに頼らず,教師集団として校長のリーダーシップのもとで学校ぐるみの取り組みを展開することが大切です。最初からすべての問題行動に対する徹底した指導をめざさず,例えば,対教師,対生徒への暴力行為は専門機関との連携も視野に入れ毅然として対応する,荒れた校内環境をそのままにせず,教育委員会とも連携して整備に努める,個々の生徒との教育相談期間を設け,教師が各々の思いを聞き,対話の機会をもつなど,学校の一丸となった取り組みが一目でわかるようにするとよいでしょう。

❸問題の実態と取り組みを正確にPTAや地域に伝え,協力・連携を図りましょう。

　学校が荒れると家庭,地域の目もたちまち厳しくなります。生徒たちを通して伝わる情報は,よくない印象のものばかりで,生徒の目にふれない取り組みなど教師の地道な努力はなかなか伝わりません。学校側も指導力に欠けると思われるのを嫌がり,校内の状況を伝えない場合もあります。問題の実態やそれへの取り組みを正確な情報としてPTA,地域に伝え,協力・連携を図りましょう。

❹対生徒との人間関係を再構築し,一目を置かれるようになりましょう。

　指導方針を転換して,熱心にかかわる姿勢を示し,周囲の生徒や家庭・地域の関係を改善しながら信頼関係を育みます。周囲の生徒から認められ,支持される教師集団は,問題行動を起こす生徒たちも一目を置かれ,問題行動を起こす生徒一人一人の背景や援助ニーズ(勉強・家庭の悩み,将来への不安など)を把握し,心情は理解しつつ,行動面改善のルールと目標設定にスモールステップを用意します。そして,1つできれば大いにほめながら,地道にかかわっていくことです。

第3章　問題行動・心の問題

6　A子さんは最近，暗くうつ

事例

中学校2年生のA子さんは，最近，うつむいてばかりで，それまでつき合っていた友達と話もしていない様子です。心の病ではないかと心配しています。

考え方とポイント

「最近」とあるので，少し前までは元気だったと想像できます。この間，本人自身，あるいは生徒同士の関係や家庭環境の変化など，さまざまな場面について点検してみましょう。その際，学級担任は，学校関係者や保護者の話にも耳を傾けると，意外なヒントに気づくかもしれません。無論，本人や級友からも情報を得るようにしますが，事実にばかりとらわれるより，心のありように留意して耳を傾ける配慮が必要です。

具体的な連携先

スクールカウンセラー，電話相談窓口，児童相談所，保健センター，心理クリニックなどを，学校・家庭の連携先としてだけでなく，本人の相談先としても活用しましょう。

---

❶妙な言動や行動は？
妙な言動や行動はないか。　ある
↓ない

❷身体症状は？
身体症状は出ていないか。　出ている
↓ない

❸クラスメートとの関係に問題は？
クラスメートなどとの人間関係に問題はないか。　わからない
↓ない

❹家庭に変化は？
家庭の状況などに変化はないか。　わからない
↓ない

本人の成長を育むよう心がけながら見守りましょう。

むいてばかりで，心配です。

❶行動面での変化について管理職，養護教諭と相談し，保護者からも話を聞きましょう。

学校生活における何げないしぐさ，服装の汚れ・乱れも含めた行動に，「変だな」と感じる点があれば，管理職，養護教諭とも相談します。教育機関である学校での対応が可能なケースかそうでないかを検討し，児童相談所などの相談機関や医療機関につなぐことも考えてみます。その際，家庭へは必ず連絡し，保護者への報告，相談をしてから対応しましょう。学校で気づいた変化について家庭生活で思いあたることはないか，共に考えながら相談機関や医療機関の利用を検討します。保護者がその必要性は感じていても行動に移せないような場合は，その理由を共感的に聞きながら，学校側が保護者や本人と同行することも含め，共にかかわる姿勢を示すなどしましょう。

❷身体面での変化についても同様に相談しましょう。

顔色が悪い，体重が減っている，けがが目立つなど身体面での変化に気づいたときも，❶と同様に対応を考えます。場合によっては養護教諭・学校医に相談して，相談機関や医療機関につなげます。体調やけがの様子にもかかわらず，保護者側が，かたくなに専門機関に行くことを拒むときには，ネグレクトを含む虐待の可能性を疑う余地をもっておくことが大切です。教師やスクールカウンセラー，専門機関等で本人，保護者と面談するなどして，虐待の可能性を打ち消すことができない場合は，通告をためらってはなりません。

❸学校内外できっかけになるようなトラブルがなかったか，点検してみましょう。

学級内や部活動での人間関係にトラブルはないか，点検してみましょう。授業中に厳しく叱責されたとか，日直などの係活動で失敗してしまった，得意な教科の体育で授業内容が唯一苦手な競技種目に変わり，本人だけが気に病んでいるとか，定期テストの結果や将来の進路に対する漠然とした不安を抱えているなども考えられます。また，直接本人がかかわったことではなく，周囲の友人が起こしたこと，起きたことについて過剰に反応し，自分のことのように気に病んでいる場合も考えられますので，注意深く観察しながら再考してみます。さらに，世の中で起きた大きな災害や事件にショックを受けて生活態度が変わる場合もあります。このように，周囲から見て些細に思えることでも，本人の立場になって考えてみることが大切です。

❹家庭の状況に変化がなかったか，目を向けてみましょう。

保護者の協力を得て，家庭の状況の変化にも目を向けるとともに，本人のこれまでの様子について話し合えるとよいでしょう。家族との死別，生別，親の失業，転職，家庭内不和など，安易にプライバシーに立ち入ることはできませんが，こうした変化が背景にある可能性にも留意しながらかかわりましょう。本人の成長のために，援助する姿勢を常日ごろから示して信頼関係を築き，本人や保護者の側から相談しやすいようにしておきましょう。

第3章 問題行動・心の問題

7 食事をしません。どんどん体重が

事例

中学生になって，急に食事をしなくなっているようで，どんどん体重が減ってきています。母親も健康によくないとしきりに食べるように言っているようですが，効果がなく，拒食症が疑われます。

考え方とポイント

拒食症（神経性無食症）はダイエットが原因で起きる摂食障害と思われがちですが，その背景には思春期に伴うストレスが関係しているといわれています。食行動の異常にのみ目を奪われるのではなく，思春期における心理・社会的な問題の克服こそが課題であると捉えて，学校，家庭，専門機関が連携してその対応に臨むことが大切です。

具体的な連携先

日常的なかかわりにはスクールカウンセラー，専門的な診断や支援方法を得るためには保健センター，こころの健康総合センター，摂食障害を専門とするクリニックなどを活用しましょう。

---

❶ 理由がわかっているか？
ダイエット目的など，食事をしない理由がわかっているか。 → いいえ

↓ はい

❷ 生活の様子を把握しているか？
生活状況の変化，食事の様子などはわかっているか。 → いいえ

↓ はい

❸ 食行動だけの指導となっていないか？
指導や支援の方向が食行動の改善だけになっていないか。 → なっている

↓ なっていない

❹ 自尊感情は？
自尊感情は育まれているか。 → 育まれていない

↓ 育まれている

本人との継続的な接触を維持しておき，家庭との連絡・連携を欠かさないようにします。

減っています。摂食障害が疑われます。

❶心身の病気でないかを明らかにするため，病院などでの受診を勧めましょう。

まず，食事を食べない，食べられない理由が身体上の病気でないかどうかを明らかにするため，病院での診察を本人や保護者に勧めましょう。慎重に勧めても受診を拒む場合は，理由を問いただすのではなく，食生活の状況，体重の変化，日常生活の様子などを具体的に聞きながら，徐々に本人の心のあり方，そして保護者の思いを聞くようにしましょう。あくまでも「どこも悪くない」と主張するようなら，摂食障害だけでなく，うつ病などの可能性もありますので，専門の病院を受診するタイミングを見計らいましょう。

❷本人や保護者と話し合い，本人の関心の方向をみつけましょう。

本人や保護者と状況に応じて個別，三者の話し合いの場をもちます。食行動の変化や栄養摂取の状況，身体の健康状態を把握することは大切ですが，そればかりに気をとられてはなりません。こちらから一方的に尋ねるだけではなく，当該生徒が自由に語る言葉や話の内容に注意を向けて聞き，本人の関心はどこに向いているかをみつけましょう。「やせたい」というダイエット願望には，学習活動のプレッシャーや受験勉強の失敗，スポーツや稽古事の習得負担，友人・恋愛関係の悩み，家庭内葛藤，いじめ，不登校などに伴うストレスなどから，よく見られたいという願望に通じている場合があります。

❸ストレスを適切な方向で解決するための援助をしましょう。

摂食障害が疑われる生徒は，完璧主義の面があり，周囲の評価に敏感でストレスをため込みやすい状況にある反面，いわゆる「よい子」「手のかからない子」と見られていることが多いようです。思春期は❷であげたようなさまざまなストレス要因が存在し，周囲からの適切な援助を得ながら自力で克服するなかで，適度な達成感や優越感だけでなく，挫折・失敗も体験しながら成長するものです。ところが「よい子」の中には，完璧主義が災いして，こうした挫折・失敗に遭遇したときに適切に対処できず，「体重」という明確な数値の変化で理想を追い求め，達成感や優越感，周囲からの関心をひこうとすることがあります。自分だけでは解決できないストレスを，食行動の異常や体重を減らすことではなく，ほかの適切な方法で解決する行動パターンを見いだせるよう援助します。

❹ありのままの本人を認め，自立を見守りつつ，支えていきましょう。

思春期は，自立したい自分と甘えたい自分，できる自分とできない自分といった間を揺れ動く両価感情（アンビバレンス）の状態で，理想の自分でないことや大人になることに嫌悪感をもっていたりします。ありのままの本人を受け入れながら「まだやせすぎ」という現実の状態を伝えることは，親や教師をはじめ周囲の役目です。こうして，周囲に不安定な自分を見守られつつ，甘えも含め安心して不安やストレスなど，本音が語れるようになれば，かたくなな心から柔軟な心への成長がみられたといえるでしょう。こうした過程を経て「がんばらなくてもいい」「ありのままの自分にもいいところがある」と思えるようになり，徐々に食行動も改善されていきます。この間，焦りは禁物で，行動療法的な方法で少しずつ食事の改善をめざします。わずかな改善であっても本人と一緒に認め，喜び合い，支えながら評価するという姿勢が大切です。

第3章 問題行動・心の問題

1 朝食だけではなく，夕食も

お腹すいたなあ…

事例
　給食をいつも大量に食べる子どもがいます。気になって話をしたところ，朝食も夕食も食べていないことがわかりました。

考え方とポイント
　健康面が心配です。養護教諭の協力を得てチェックします。管理職を中心とするチームを形成して情報を収集し，子どもと家庭の状況を把握してください。栄養状況が極端に悪かったり慢性的な脱水があるなど，状況の緊急性が高い場合は，児童相談所に速やかに通告してください。緊急性が低い場合は，市町村虐待相談担当課が相談にのってくれます。

具体的な連携先
　学内チーム（担任，管理職，養護教諭，学年主任，特別支援教育担当，教育相談担当，生徒指導担当など）で情報を収集し，児童相談所または市町村虐待相談担当課と連携して対応にあたりましょう。

---

❶健康面の心配は？
子どもの健康や安全面で，心配な状況か。
　→ 心配な状況である

↓ それほど心配ではない

❷通告は？
児童相談所等へ通告したか。
　→ 通告していない

↓ 通告した

❸保護者との連絡は？
保護者と連絡が取れるか。
　→ 取れる

↓ 取れない

❹子どもの様子は？
学習や友達関係のつまずきなど，苦戦している状況があるか。
　→ 苦戦している

↓ 苦戦していない

児童相談所等と連携しながら，学内チームで，子どもの学習と学校生活への継続的な支援と，子どもと家庭の見守りを行う。

食べていないようです。

❶健康面・安全面での危機の緊急性が高い場合，管理職を中心とする緊急会合をもち，児童相談所にすぐ通告しましょう。

養護教諭と連携して子どもの状況を把握してください。緊急性が高いと思われる場合（例えば，栄養不良や脱水症状がある，親が子どもに必要な治療処置を取らない，子どもや親が保護を求めている，性的虐待も同時に疑われるなど）は，管理職を中心とする緊急会合をもち，速やかに児童相談所に通告し，対応を協議してください。

❷チームで多面的に情報を収集し，児童相談所または市町村の虐待相談課に連絡しましょう。

(1)速やかに援助チーム（メンバーの例：担任，管理職，養護教諭，学年主任，特別支援教育コーディネーターなど）を結成し，状況を把握します。養護教諭と連携して子どもの健康面に注意を払います。きょうだいの通う学校や幼稚園，保育所等への聞き取りが可能であれば，同時に行います。教職員間で多面的に情報を集約します。必ず記録を残してください。

(2)緊急性が低い場合には，市町村の虐待相談課に相談することができます。（平成16年の児童虐待防止法及び児童福祉法の改正に基づき，従来の虐待通告先である児童相談所に市町村が加わり，「市町村」「児童相談所」の二層構造で対応する仕組みになりました。また，この改正により，虐待を受けた児童などに対する市町村の体制強化を固めるために，関係機関が連携を図り児童虐待等への対応を行う「要保護児童対策地域協議会《子どもを守る地域ネットワーク》」が法定化されました。）児童相談所は早急に家族との分離や保護が必要な場合の通告先となりますが，市町村の場合は，地域のネットワークで関係機関と連携を図りながら，在宅のまま支援をするのが特徴です。しかし，児童相談所と市町村とは連携を図っているので，どちらへ通告しても両方の機能を活用できます。

(3)家庭の状況把握のために家庭訪問をするかどうかは，教職員間で十分に検討してください（状況把握のための家庭訪問については，54－55頁❷で詳しく述べます）。

❸保護者の話を傾聴し受けとめましょう。学内チームや関係機関での情報共有も忘れずに行いましょう。

(1)通告後に家庭訪問などをする場合は，児童相談所などに事前に連絡し，留意点を確認してください。また，訪問後は管理職に報告し，学内チームと関係機関で情報を共有してください。

(2)もし，保護者が虐待について語り始めたら，傾聴に徹してください。例えば，「お母さんも苦しんでいるのですね」など，相手の気持ちに寄り添い，一緒に考えるという姿勢を継続してください。一方で，学校ができることには限界がありますので，福祉や医療へつなげる道を模索してください。

❹子どもが孤立しないように注意し，学習面で達成感を得られるようにサポートしていきましょう。

(1)家庭訪問しても会えない場合は，教職員の思いを伝えるために訪問をこまめに行い，「今日はお会いできずに残念でした」といった書置きをするなど，根気強く取り組みます。

(2)子どもの学習や対人関係の支援については，不登校の支援（第1章参照）と同様です。子どもが孤立していないかに注意し，学習面では達成感を得られるように配慮します。

第4章 虐待を疑う

2 子どもが顔にあざをつくっ

事例

子どもが目の周りにあざをつくってきました。「転んだだけ…」と言っていますが、様子が不自然で、身体的虐待を疑っています。

考え方とポイント

子どもが虐待を訴えていなくても、状況に不自然さがあれば、それに「気づく」ことから虐待対応が始まります。気づいたならば1人で抱えず、教職員間で状況を多面的にとらえ、虐待の疑い、または事実がわかった時点で、児童相談所または市町村虐待相談担当課に通告します。児童虐待に関しては、児童相談所が行う一時保護などの対応が必要な場合もあるので、初期段階からの関係機関との連携が必要です。特にあざができるほどの傷がある場合は、すぐに通告することが必要です。

具体的な連携先

教職員間で情報を収集し、教育委員会への報告と児童相談所へ通告をします。通告後は児童相談所と連携しながら対応します。

---

❶ **養護教諭の協力は？**
養護教諭に協力してもらい、傷の手当てと状況の把握をしたか。

→ 協力を得ていない
↓ 協力を得ている

❷ **状況の把握は？**
子どもと家庭の状況を把握するための情報収集はできているか。

→ できていない
↓ できている

❸ **通告は？**
児童相談所などへ通告したか。

→ 通告していない
↓ 通告した

❹ **一時保護等の対応は？**
児童相談所による一時保護などの対応が取られたか。

→ 取られていない
↓ 取られた

児童相談所などと対応を協議し、望ましいと判断される場合は、子どもとの継続的接触を維持する。一時保護中の子どもの学習について、一時保護所と連携する。

てきました。

❶ **養護教諭に協力してもらいながら，管理職中心の緊急会合で子どもの状況を把握しましょう。**
(1) 養護教諭に協力してもらい，傷の手当てと聞き取りを行います。
(2) 聞き取りは落ち着いて話せる場所（ほかの子どもに話が聞こえない場所・時間帯を配慮するなど）で行います。また，聞き取りは誘導（例えば，「お母さんがたたいたんでしょ？」など）にならないように注意し，子どもの答えは強要せずに根気強く待ちます。
(3) 1回の聞き取りの情報だけではなく，日常生活での観察を含め，管理職を中心とする緊急会合で総合的に状況を把握します（❷へ）。

❷ **管理職を中心とする緊急会合を開き，子どもの状況を多面的に把握しましょう。**
(1) 管理職を中心とする緊急会合を開き，状況の把握を行ってください。
(2) 緊急会合では，状況の把握と報告，教育委員会等が作成している虐待発見のためのチェックリストの記入と評価，可能であれば，きょうだいの通う学校，幼稚園・保育園などからも情報収集をし，多面的に状況を把握してください。
(3) ❶（52-53頁）でも述べたように，状況把握のための家庭訪問をするかどうかは，教職員間で十分に検討し，家庭訪問へはできるだけ複数名で行ってください。訪問の際は，「私が心配になってきました」というように，I（私）メッセージで話すように心がけます。また，保護者と話がかみ合わなくても議論はせず，「困ったことがあれば一緒に考えたい」という姿勢を維持してください。

❸ **虐待の疑いがある場合には，児童相談所などへ通告しましょう。**
(1) 虐待の疑い，または事実がわかった時点で，すぐに児童相談所または市町村虐待相談担当課に通告をしてください。
(2) 大切なのは，虐待か否かを判断するのは学校の役割ではなく，児童相談所の役割であるということです。「この程度はしつけの範疇だ」などと学校が単独に判断してしまうことは，対応の遅れにつながります。虐待の確証がなくとも「疑い」をもったならば，児童相談所などへ通告してください。児童相談所はどこからの通告であるかは明かしません。特に，あざができるほどの傷が顔にあって虐待が疑われる場合は，早急な通告が必要です。「親と子の説明が違う」「尋ねるたびに説明が異なる」なども有力な情報ですので，そのまま児童相談所に伝えてください。

❹ **通告後に地域で見守ることになった場合は，積極的に児童相談所などと連携しましょう。**
(1) 通告後，多くのケースは，児童相談所と連携しながら見守りを続けていくことになります。支援チーム（メンバーの例：担任，管理職，養護教諭，学年主任，関係する教職員，スクールカウンセラーなど）で対応し，児童相談所と連携しながら，その後の見守りを続けてください。
(2) 学校は，現在の子どもと保護者の状態を一番よく把握している機関の1つです。専門機関がすべての状況を捉えているとはかぎりません。通告したからといって安心はせず，新たに気づいたこと，心配なことがあれば，積極的に児童相談所などに情報提供をするようにしてください。

第4章　虐待を疑う

3 「お前なんていなければ」と

❶ ほかの虐待の疑いは？
身体的虐待，性的虐待，ネグレクトなど，ほかの虐待が疑われるか。

→ 疑いがある

⬇ わからない

❷ 子どもの様子は？
不登校など，子どもが学校生活に苦戦している状況があるか。

→ 苦戦している

⬇ 苦戦していない

❸ 学校内でトラブルは？
ほかの人を困らせるような行動（弱い者いじめ，物を壊すなど）を取ることがあるか。

→ ある

⬇ ない

❹ 保護者の援助ニーズは？
保護者に医療や福祉的な援助ニーズがあるか。

→ ある

⬇ ない

スクールカウンセラーなどへつなげる道を模索しつつ，対応にあたる。

事例
自信がなさそうなところが気になる子どもです。先日，ふとした会話の中で，母親に「お前なんかいなければよかった」と言われ続けていることを話してくれました。

考え方とポイント
子どもの心を深く傷つけるような言動が日常的にあることは，子どもの健康な心の発達を歪めてしまいます。そのような行為は，心理的虐待にあたります。まずは，ほかの虐待の疑いがないかに注意し，子どもと家庭の状況を把握してください。ほかの虐待対応の場合と同様に，保護者への一方的な説教は逆効果です。保護者が子育てのどこにつまずいているのかを聞き，その行為が子どもの成長にプラスになっているのかを考えてもらえるよう，時間をかけることが必要です。

具体的な連携先
児童相談所などへの通告を視野に入れ対応してください。スクールカウンセラーやスクールソーシャルワーカーの活用も有効です。

母親に言われる子がいます。

❶管理職を中心とする緊急会合をもち，緊急性が高い場合は児童相談所に通告しましょう。

■・■（52-55頁）と同様，管理職を中心に教職員間で子どもと家庭の状況を把握し，緊急性が高い場合は児童相談所へ，そのほかの場合は市町村虐待相談担当課に通告してください。

❷子どもが安心できるように配慮しましょう。また，保護者への指導的対応は控えましょう。

(1)不登校への対応（第1章）を参考に，子どもが学校で安心できるような配慮をしてください。
(2)学用品を持参しない，欠席や遅刻が多いなど，学校不適応がある場合は，保護者との接触のきっかけがつくりやすいともいえます。しかし，子どもの不適応を理由に，「家庭でもっと○○をしてほしい」など，子育ての改善を提案することは，保護者の自尊感情を傷つけ，虐待を深刻化させます。「学校も一緒に考えたい，一緒に子育てを支えていきたい」という姿勢が大切です。
(3)保護者と話し合いをする場合は，保護者の子育て意識に焦点を当てた会話を心がけます。不適切なかかわりの背景には，保護者なりに苦しんでいる事情があるはずです。子育てのどこに困難さ・不安を抱いているのかを聞き，保護者の思いを受けとめてください（「お母さん，今まで必死にがんばってこられたのですね」など）。そのうえで，子どもがどんな気持ちでいるかを一緒に考え，何が子どもにとってプラスになるのか，具体的な方策を一緒に考えてください。指示や指導ではなく，「○○といったやり方はどうですか」といった具体的な選択肢を提示してみることも有効です。
(4)引き続き，教職員間の連携の中で，子どもと家庭の状況把握に努めてください。

❸子どもの気持ちは受けとめながらも，許されない行動については制止する必要があります。

(1)どのような理由があっても，器物破損や人の気持ちや身体を傷つける行動については，「だめだ」と伝えることが大切です。子どもが激しく暴力的な場合は，担任1人では対応できませんので，ほかの教職員の力を借り（ほかの児童生徒に「○○先生をすぐに呼んできて」と頼むなど），当該の子どもをクールダウンできる場所に離して，気持ちを落ち着かせることが先決です。気持ちが落ち着いてきたら，なぜそのような行動を取ってしまったのかを一緒に考えます。「○○という気持ちだったのだね」と感情をしっかりと受けとめたうえで，「気持ちはわかった。だけど，先生は○○という行動は認められないよ」ということを伝えます。
(2)保護者に否定的な報告をする場合は，「この問題は，学校で○○という方針で対応し，解決に向かっています」という姿勢で伝え，保護者の負担感が軽減されるように配慮します。
(3)ほかの保護者から当該の子どもへの苦情があったときには，学校としてきちんと組織的に対応していることと，学校としての対応方針をしっかりと伝え，理解を求めます。
(4)担任だけの対応には限界があります。学内チームで役割分担して対応しましょう。

❹保護者への支援については，専門家と連携しましょう。

家庭への支援を教職員が行うには限界があります。スクールカウンセラーやスクールソーシャルワーカーを活用し，必要な場合は福祉や医療との連携を模索してください。

4 養父による性的行為の強要

❶通告は？	していない
児童相談所へ通告したか。	

⬇ した

❷一時保護等の対応は？	取られた
通告の結果，児童相談所による一時保護などの対応は取られたか。	

⬇ 取られていない

❸ストレスによる症状は？	ある
身体症状や行動化はあるか。	

⬇ ない

❹虐待をしていないほうの親からの相談は？	ある
虐待をしていないほうの親から学校へ相談はあるか。	

⬇ ない

児童相談所と連携する。心配な変化（子どもの深夜徘徊など）は必ず児童相談所に伝え，子どもと家庭の状況を共有したうえで，双方の対応の方針を再明確化・再検討する。

事例

「体調が悪い」としばしば保健室を訪れる子どもがいます。養護教諭が話を聞くうちに，「母親の内縁の夫から性的行為を強要されている。でもこのことは，だれにも言わないでほしいんです…」と打ち明けられました。

考え方とポイント

性的虐待は，緊急に対応することが必要です。しかし，非常にデリケートな問題であるため，子どもは，訴えたあとの大人の反応によっては，証言を翻したり，心を閉ざしてしまったりすることがあります。「性的虐待を聞き取るチャンスは一度だけ」といわれることもあるほどです。性的虐待の聞き取りには専門技術が必要ですので，学校単独で聞き取りや家庭訪問はせずに，早い段階で児童相談所に通告し対応にあたることが大切です。

具体的な連携先

早い段階で児童相談所に通告し，専門家の判断を仰ぐことが必要です。

を打ち明けられました。

❶落ち着いて子どもの訴えを受けとめ，速やかに児童相談所に通告しましょう。学校単独で聞き取りや介入をしてはいけません。

(1) 性的虐待は虚言ではないかと疑われることがありますが，純粋な虚言として性的虐待が語られることはほとんどないといわれます。まず真剣に，落ち着いて子どもの訴えを受けとめてください。

(2) 「だれにも言わないと約束してほしい」と子どもが訴えた場合でも，「あなたの幸せを守るためには児童相談所などの力を借りることが必要だと思う」と粘り強く伝え，管理職を通して児童相談所に通告してください。また，「つらい話を打ち明けてくれてありがとう。これからはあなたと一緒に考えていきたい」という気持ちも伝えてください。

(3) 学校単独で保護者への聞き取りや家庭訪問はしないでください。速やかに児童相談所の判断を仰ぐことが必要です。

(4) 子どもが話した内容はそのまま子どもの言葉どおりに記録し，児童相談所へ伝えます。

❷児童相談所および一時保護所と連携を取り，子どもに必要な支援を行いましょう。

(1) 一時保護期間中の子どもの学習など，子どもへの支援に関して，一時保護所と連携が必要です。児童相談所・一時保護所と話し合い，必要な支援を行ってください。

(2) 一時保護などをめぐる子どもの不安は計り知れません。一時保護中に子どもに会わせてもらえるかどうかはケースバイケースですが，状況が許せば，手紙などで「応援している」という気持ちを伝えてみることも一案です。

❸専門家の力を借りながら，学内チームで子どもへの配慮と対応に臨みましょう。

(1) ここで一時保護などの対応が取られなかったならば，子どもと家庭の現状，およびどのような方針のもとで在宅の見守りを続けていくのかを児童相談所によく確認します。また，学校として注意すべき見守りのポイントについても児童相談所に確認します。

(2) 性的虐待を受けている場合，フラッシュバックを起こすこともあり，担任が男性であるか女性であるかで対応の濃淡が異なってきます。担任が男性の場合は，養護教諭などの女性の力を借りましょう。また，必要に応じてスクールカウンセラーや学校医の力を借ります。

(3) デリケートな問題なので，ほかの問題とは異なり，多くの教職員が細かく情報を共有することが望ましいとはかぎりません。守秘義務は当然のことながら，子どもの気持ちに配慮した適正規模（人数）のチームで対応してください。

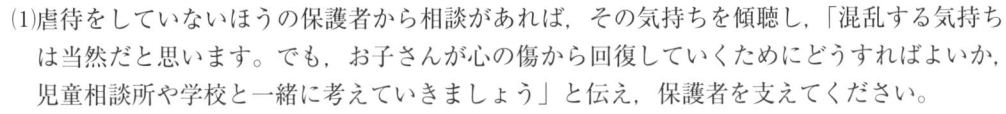

❹虐待をしていないほうの保護者への対応については，児童相談所の判断を仰ぎましょう。

(1) 虐待をしていないほうの保護者から相談があれば，その気持ちを傾聴し，「混乱する気持ちは当然だと思います。でも，お子さんが心の傷から回復していくためにどうすればよいか，児童相談所や学校と一緒に考えていきましょう」と伝え，保護者を支えてください。

(2) 必ず児童相談所と情報交換し，児童相談所の判断を仰ぎながら対応にあたってください。

第4章　虐待を疑う

5 児童相談所に通告しました

事例
ネグレクトと身体的虐待で児童相談所に通告しましたが，いっこうに家庭の状況は改善せず，児童相談所に不信感をもっています。

考え方とポイント
多くの場合，通告したからといって劇的に状況が改善するわけではありません。難しいケースの場合は特にそうです。しかし，状況が改善しない原因を再検討することは重要です。援助チーム内外の連絡や意思疎通がうまく取れていないといった援助者側の要因からくるものであれば，そこから改善する必要があります。もう一度児童相談所との連携の体制を整えたうえで，お互いがもつ問題解決のイメージや，お互いの役割分担の中でできることを明確にし，根気強くかかわることが大切です。

具体的な連携先
もう一度児童相談所とよく協議し，双方の援助目標と役割分担，具体的なかかわり方を明確化します。

---

❶チーム援助会議は？
児童相談所とチーム援助会議を行ったか。
→ 行っていない
↓ 行った

❷コーディネーターは？
チームのコーディネーターは機能しているか。
→ 機能していない
↓ 機能している

❸援助目標は明確か？
学校と児童相談所との援助目標は明確であるか。
→ 明確ではない
↓ 明確である

❹困っている人や機関が支えられているか？
チーム援助会議の中で，困っている人や機関がきちんと支えられているか。
→ 支えられていない
↓ 支えられている

チーム援助会議（情報共有と援助方針の立案・共有，援助の実行と振り返り）を主軸に，根気強く援助に取り組む。

> が，状況が改善しません。

❶教職員と児童相談所の担当者でチーム援助会議を開催しましょう。
(1)まずは，子どもとかかわりのある教職員と児童相談所の担当者が，個別の事例について話し合いの場（チーム援助会議）をもつことから連携が始まります。
(2)チーム援助会議では，①会議メンバーによるアセスメント（情報収集を行い，問題状況を総合的に分析する），②アセスメントに基づく援助方針の立案と役割分担（援助方針を明確にし，それを実行するための役割分担を具体的に決定する）を行います。
(3)チーム援助会議用の記録シートを作成・活用してみることも有効です。

❷チームによる援助がうまく機能するために，コーディネーターを決めましょう。
(1)チームによる援助をうまく進めていくためには，コーディネーター（人や機関とのつながりをつくり，チーム内の動きの動静を把握する人）の存在が欠かせません。職員間の求心力は援助を左右しますので，連携を取るうえで，コーディネーターを決めておくことが大切です。コーディネーターとしてふさわしい人物がだれかは，ケースの特徴や学校の状況によって変わってきます。管理職，養護教諭，特別支援教育担当，学年主任等々，学校の状況を踏まえて，ふさわしい人物がコーディネーターを務めてください。
(2)コーディネーターの具体的な役割は，話し合いのタイミングを見きわめること，それぞれの援助機関・援助者の役割を明確にし，それぞれの機関と人の動きを把握すること，話し合いで司会者の役割を担うこと，連絡の窓口になったり連絡について確認すること，などです。これらの役割を果たしつつ，メンバーの求心力の維持をめざしてください。

❸学校と児童相談所との現時点での援助目標を明確にし，それらを共有しましょう。子どもの安全確保について心配な点があれば，納得がいくまで協議しましょう。
(1)子どもの安全は最優先事項です。子どもの安全に関することで危機感を感じることがあれば，児童相談所に明確に伝え，納得がいくまで協議しましょう。子どもの生命にかかわることで，児童相談所の担当者と学校との間の認識が大きくズレていて，かつそのズレを修正することが難しい場合には，児童相談所の責任者レベルの人物と協議をするという方法もあります。一方で，福祉と教育の視点には，おのずと違いがあるため，細かくすべての事柄に一致をめざすことには限界があります。各機関の特性から生じる相手のやり方を理解しようという姿勢も必要です。
(2)援助目標は抽象的なものではなく，具体的であることが大切です。例えば，「親と学校のつながりを強める」といった抽象的な目標ではなく，「次の学期には授業参観に来てもらう」という目標のためには，「具体的に何をし，何をしてはいけないかを考える」ことです。そして，目標に対して，「だれが，何を，いつまでに行うか」を含めて具体的に決めることも大切です。

❹チーム援助会議は，困っている人や機関が支えられるような場になるようにしましょう。
援助者や関係機関の中でも，危機感や困り感に違いがあります。一番困っている人や機関が支えられているか，という視点でチーム援助会議を進めることが，援助の求心力につながります。

第4章 虐待を疑う

6 児童相談所と連携した「見

事例
　身体的虐待とネグレクトで通告，児童相談所と連携した見守りが続いているケースです。ささいなことで感情を爆発させるなど，トラブルが絶えません。

考え方とポイント
　虐待は子どもの心の発達を歪めてしまいます。恐怖感や，子どもが自分を守るために形成せざるを得なかった行動のあり方，そういったものがトラブルの根底にあるのです。
　対応の第一は，学校では虐待されないということを子どもに理解してもらうことです。また，虐待を受けた子どもの中には，力による問題解決がすべてだと学習してしまっている子どももいます。適切な社会的行動のスキルを教え，適切な感情表現の仕方を教えていくことも大切です。

具体的な連携先
　児童相談所との連携を軸に，スクールカウンセラー等と連携してチームで対応しましょう。

---

❶トラブルのきっかけは？
トラブルを引き起こすきっかけになる刺激が何かわかるか。
→ わからない

↓ わかる

❷人と場所の確保は？
トラブル時に応援に来てくれる人，子どもが落ち着くまでいられる場所が用意されているか。
→ まだしていない

↓ している

❸トラブルを予測できるか？
トラブルを生じそうな場面が予測できるか。
→ できる

↓ できない

❹改善した面はあるか？
子どもの言動や様子に，改善した面があるか。
→ ない

↓ ある

改善面は必ず褒め，トラブルへの指導と同時に，子どもの良いところを探す視点を忘れずに対応を続ける。

「守り」がうまくいきません。

❶ 記録活用などの工夫を通し，トラブルのきっかけや背景の理解に努めましょう。

(1) 子どもが何に反応するのかをよく観察してください。1回でわからなくても，気になる行動を記録してみると，トラブルを引き起こすきっかけやその背景が見いだせることがあります。

(2) 子どもの行動を具体的に記録します。例えば，「乱暴な性格だ」といった抽象的な表現ではなく，「ジャンケンで負けたあとに相手の子をたたいた」などと記述し，問題が起こった時間帯や，そのときの子どもの体調や機嫌，周囲の様子なども記録します。スクールカウンセラーなどに，どのような視点で事例を見ればよいか，アドバイスを求めることも有効です。

(3) トラブルに対して，ほかの保護者から苦情があった場合は，❸-❸（57頁）で述べたように，学校全体で問題に取り組んでいることと，取り組みの方針を伝え，保護者の理解を得るようにします。

❷ トラブルに備え，事前に人と場所を確保しておきましょう。

(1) 授業中に教室を飛び出す，パニックが収まらないなどの行動への対応を担任1人だけがするには限界があります。緊急時に応援に来てくれる教職員を確保する（授業の組み方や事務仕事の役割分担の工夫などによって，フリーに動ける教職員を確保する）努力が求められます。

(2) パニックが激しいときなどには，子どもが，自分の気持ちが落ち着くまでいられるような，人の目の行き届く安全な場所を確保しておくことも大切です。

❸ トラブルが予測できそうなら，事前に子どもと対処の仕方を話し合ってみましょう。自分の学級経営についても振り返ってみましょう。

(1) 引き続き，教職員間のチームで対応しましょう。トラブルが生じそうな場面があらかじめ予測できるようになれば，事前に子どもと話し合うことも一案です（例：「次の時間はあなたが苦手な〜をする予定だけど，もしイライラしたらどうしたらよいと思う？」など）。子どもの応答によって，子どものストレスへの対処の仕方を把握することもできるでしょう。

(2) 学級経営について振り返ってみましょう。学級の子どもたち全員が満足できるルールの工夫（例えば，給食のおかわりは早いもの勝ちではなく，ほしい子ども全員に平等に行き渡るにはどうしたらよいか考えてみるなど）も，トラブルの未然防止に役立つかもしれません。

❹ 子どもの良い面を探す努力をし，改善した面については必ず褒めましょう。

(1) 虐待を受けた子どもたちは総じて，「自分なんていなければいい」と感じています。問題行動への指導は必要ですが，叱るばかりでは，子どもは「どうせ自分はだめだ」という実感を強めてしまいます。虐待を受けた子どもへの指導の場合は特に，子どものよい面を探す努力も大切です。

(2) トラブル対応に追われると，子どもの良い面を見つけにくくなってしまいます。しかし，大きな改善点でなくてもよいのです。給食をおいしそうに食べていてよかったとか，顔色がよさそうでうれしいとか，「あなたは大切な子ども」という気持ちを伝えてください。

第4章 虐待を疑う

7 DV被害者の子どもの転入で

事例

母親がDV（ドメスティック・バイオレンス）の被害者で，加害者の父親へは保護命令が出ています。子どもの転入に際して，何に気をつければよいでしょうか。

考え方とポイント

DVを子どもに見せることは心理的虐待にあたります。なかには，子どもも加害者から暴力を振るわれている場合もあります。保護命令が出ている場合，母子と学校の安全を守るため，事前に警察と十分に協議することが重要です。対応のポイントは，DV加害者などから問い合わせがあっても応じないことです。また，DV加害者が学校内に立ち入った場合は退去を促し，暴力的な言動があればすぐに警察を呼び，保護施設にも連絡します。

具体的な連携先

緊急時には警察に協力要請し，保護施設へも連絡します。ストレスによる症状が子どもにある場合は，養護教諭やスクールカウンセラー，校医と連携しましょう。

---

❶ **対応方針が教職員全体に行き渡っているか？**
対応方針を，教職員全体で理解しているか。

→ いない

↓ いる

❷ **保護者（被害者）への対応の体制は？**
保護者に対応するサポート体制ができているか。

→ できていない

↓ できている

❸ **日常的なチェックは？**
被害母子の個人情報が漏れないよう，日常的にチェックができているか。

→ できていない

↓ できている

❹ **子どもの状態は？**
ストレスによる症状が子どもにあるか。

→ ストレスによる症状がある

↓ ストレスによる症状はない

引き続き警察，保護施設などと連携する。子どもの心身の健康状態に注意し，必要な場合はスクールカウンセラーなどの協力を得る。

気をつけることは？

❶不審者からの問い合わせや，加害者が学校に侵入した場合の対応の方針を教職員間で徹底しておきましょう。警察や教育委員会のバックアップを得ましょう。

(1)事前に教育委員会や警察とよく協議し，協力してもらえる体制を整えてください。

(2)管理職が中心になり，すべての教職員に対して，加害者から児童の在籍状況などに関する問い合わせがあっても絶対に応じず，「プライバシーに関することですのでお答えできません」と伝えることを徹底しておきます。被害者の家族（被害保護者の実母など）から連絡があった場合も同様に「プライバシーなので答えられない」ことを伝え，保護施設に家族から連絡があったことを伝え，本人から直接連絡するようにします。

(3)加害者が学校に侵入した場合は退出を促し，警察へ通報するという方針を徹底しておいてください。また，加害者の後追いがあった場合は，保護施設，兄弟姉妹の通う学校や幼稚園・保育所，教育委員会へ連絡するという方針も徹底しておいてください。事前に手順を確認・練習しておきます。

(4)市町村教育委員会と連携し，危機管理に関する指導・助言やスタッフの派遣を含めたバックアップを要請してください。

❷保護者（被害者）への対応の窓口となる教職員を選びましょう。保護者（被害者）へは受容的な姿勢で接しましょう。

(1)教職員の中から，保護者（被害者）に対応する窓口となる教職員を選びサポート体制を決定します。被害者が男性よりも女性のほうが安心して話ができるということであれば，女性教職員が担当するのがよいでしょう。

(2)保護者へは，受容的な姿勢で接し，子どもの安全を最優先して，子どもが安心して学校生活が送れるように支援したいという思いを伝えましょう。

❸個人情報が漏れないように，日常的なチェックを行いましょう。

(1)学校には個人情報がたくさんあります。目にふれるところに保護施設の住所や電話番号はないか，下駄箱や廊下，教室などに子どもの存在を見つけ出すきっかけになる要素がないかなどを点検しておきます。

(2)平素から子どもたちには，知らない人から，友達のこと（名前や電話番号など）を聞かれても「わかりません」と答えるような指導もしておきましょう。

❹子どものケアはチームで，専門家の力を借りながら行いましょう。

(1)子どもにストレスによる症状がある場合には，関係職員間で対応策を協議し，共有しておきましょう。

(2)必要に応じて，スクールカウンセラーや学校医にも相談しましょう。

第4章 虐待を疑う

8 虐待対応で疲れきってしま

事例
虐待を受けた子どもを担任していますが、虐待対応で疲れきってしまいました。

考え方とポイント
虐待対応は、ストレスのかかる仕事です。エネルギーを注いでも支援が思うように進まずに、無力感が募ることもあるでしょう。子どもへの信じられないような仕打ちを目の当たりにして、恐怖や怒りを覚えることもあるかもしれません。また、常に緊張している状態はストレスです。話し合える仲間をもつことや、自分がしんどくなりすぎない距離感を自分自身で探ってみることも大切です。それでも眠れない、食欲がないなどの症状がある場合は、早めに医療の力を借りることも大切です。

具体的な連携先
信頼できる同僚やスクールカウンセラーに話をしてみましょう。場合によっては、医療の力を借りましょう。

---

❶ **ストレスによる症状は？**
気分が落ち込む、眠れない、食欲がない、動悸がするなど、何か症状があるか。 → ある

↓ ない

❷ **チーム対応は？**
チームで対応しているか。 → していない

↓ している

❸ **だれかに相談してみたか？**
同僚など、だれかに疲れた気持ちを相談してみたか。 → していない

↓ してみた

❹ **ストレスの発散は？**
ストレスを発散できる場面があるか。 → 発散の場がない

↓ 発散の場がある

抱え込まず、自分の健康を大切にできる、相手との距離感を保つことが大切です。

いました。

❶症状があるときには，医療の力も借りてみましょう。
(1)眠れない，食欲がない，気分が落ち込む等々，何か症状があるときは，医療のサポートが必要な場合があります。
(2)決して恥ずかしいことではありませんので，早めに医療機関を受診してみてください。どの医療機関を受診してよいかわからない場合は，養護教諭やスクールカウンセラーに相談してみてもよいかもしれません。また，公立学校共済組合では，組合員とその家族を対象に電話相談を開設しており，住まいの近くの医療機関や専門外来の情報提供を含め，健康・医療・看護・介護・メンタルヘルスなどの相談事業を行っています。

❷協力できる人，仲間関係を模索しましょう。
(1)虐待対応・支援は，担任1人だけの力でできるものではありません。教職員間で対応できるようにしていきましょう。
(2)まずは，管理職への報告と相談を欠かさないようにしましょう。
(3)定期的にチーム援助会議をもてればよいのですが，それが難しければ，まずは，自分が困っていることにアドバイスをもらうというスタンスで，関係者と意見交換する場を設けることから始めてみましょう。いろいろな人から意見がもらえると，新しい視点や気づきがあるものです。既存の会議の中で報告や相談をするのも一案です。

❸信頼できる人に気持ちを話してみましょう。
(1)信頼できる同僚やスクールカウンセラー，養護教諭，管理職などに疲れた気持ちを話してみましょう。疲れたという気持ちを話して，だれかに理解してもらうだけでも，ほっとするかもしれません。
(2)真面目で熱心なあまりに，子どもが問題を起こすと，「自分の指導力不足のせいだ」と考えがちです。しかし，それでは，子どもの状況が改善する以前に自分自身がダウンしてしまいます。そうならないためにも，周囲に相談してみることは大切です。

❹ストレス発散ができる工夫を探しましょう。
ずっと同じことばかりを考えていては消耗してしまいます。帰宅したらすっぱりと気持ちを切り替えるようにする，好きなテレビ番組を見る，ゲームをしてみる，運動で発散する等々，自分自身に戻れる時間をもち，自分の心のバランスを保てるようにしましょう。

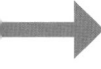

第4章 虐待を疑う

1 ネット上に，子どもに対す

子どもの殺害予告!!
どうしよう…

事例
「『1週間以内に○×学校の子どもを殺害する』とツイッターに書きこまれていた」と，保護者から連絡が入りました。

考え方とポイント
　このような子どもの安全を守る事案は，まず，「学校組織」で「素早く動く」ことが大前提となります。管理職に報告し，緊急の生徒指導部会を開き，事実確認と学校としての組織的な動きを全教職員で確認します。組織的な動きとしては，教育委員会への連絡，警察などの関係機関との連携・協力，登下校指導，校内巡視などがあります。
　保護者には通知を作成し，学校として子どもを守る視点をいくつか示して，理解・協力を得ることが必要です。

具体的な連携先
　校内では，校長，教頭，生徒指導主事へ連絡します。校外では，教育委員会，管轄の警察署，また，児童相談所と連携しておくとよいでしょう。

---

❶連絡を受けた教職員は？
どうしていいかわからず，動揺し困惑しているか。

→ 困惑している

↓ 困惑していない

❷学校体制（組織）で動いているか？
生徒指導部が中心となり，学校体制で動くことができているか。

→ 動いている

↓ 動いていない

❸危機管理意識は？
登下校の指導や校内巡視などが徹底されているか。

→ 動いている

↓ 動いていない

❹保護者への対応は？
保護者への通知の発行，安全対策に向けた説明など，理解と協力を得るために学校からの速やかな動きができているか。

→ できている

↓ できていない

安全対策について再度，周知徹底を図る。

る殺害予告がありました。

❶ メモを取り，事実を正確に聞き取りましょう。管理職にすぐに連絡し，「学校としての対応」を心がけましょう。

(1) まず一報を受けた教職員は，「メモ」を取り，事実を正確に聞き取ります。メモには，連絡してきた相手の名前，連絡先，内容（可能なかぎり詳細に）などを聞き逃さず書きとめてください。このメモがこれからどう動くか，大切な情報になります。

(2) 連絡してきた相手には，情報をもらったお礼とあわせて，「学校として対応してまいります」と伝えます。今後，具体的にどうするのかなどの問い合わせがあった場合，個人的な見解を言わず，あくまでも「学校として」の姿勢をもっておくことが大事です。

(3) 次に，管理職に報告します。場合によっては，生徒指導主事に伝えて，管理職へ報告するということもありますが，何よりも子どもの安全にかかわる情報ですから，速やかな報告・連絡を意識して動いてください。

❷ 緊急生徒指導部会を開き，危機対応マニュアルをもとに，それぞれの教職員に自分がどう動くのか周知させましょう。

(1) 緊急の生徒指導部会を開催します。ここでは，事実確認と不測の事態を想定した防犯ならびに未然防止の具体的な学校対応について，自校にある危機対応マニュアルをもとに確認と補足をし，教職員に子どもの安全対策における組織体制の確認と，各自がどう動くのかをしっかり周知させてください。

(2) 万一の事態に備えて，学校と保護者の両方の緊急連絡システム・連絡経路が活用できる状態にします。早急にシミュレーションして支障のないように確かめておくことが必要です。

(3) 事案が生じた時点で，第一報を教育委員会へ連絡します。また，警察との連携・協力も同様です。PTA 会長をはじめ保護者への連絡も速やかに行ってください。多くの人の目が何よりの防犯につながります。

❸ 子どもに危険を回避するための指導を徹底させましょう。

(1) 外部から校内への侵入を防ぐために，訪問者などの対応については，全教職員で統一した動きを徹底します。次に，授業中，給食時間，掃除時間などの校内巡視の計画を示し，多くの監視体制で動きます。

(2) 子どもたちに自分で自分の命を守るために，事件に巻き込まれないための危機回避力を教えていくことが大切です。「危険な人が来たら逃げる」，「誘われても近づかない」，「大声を出す」，「人気のない駐車場や公園には立ち入らない」などの注意を促すとともに，自分自身で危険性を判断し，実際に行動できるように指導の徹底を図ります。

❹ 保護者には，その日のうちに知らせましょう。

(1) 一報が入ったその日のうちに，保護者に手紙などで知らせます。事件の概要，学校が行う安全対策，保護者へのお願い（登下校時の見守り，自宅周辺外出の自粛など）を表記します。

(2) 場合によっては，地域の関係者にも通知し，協力を得て安全対策の徹底を図ります。

2 子どもの保護者が急死しま

事例
　学校から帰宅した子どもが，意識のない母親を発見しました。すぐに救急車で搬送されましたが，死亡が確認されました。母親はここ数年，精神不安定な状態が続き，入退院を繰り返していました。

考え方とポイント
　家族の死，まして自殺を目の当たりにした子どもの心境は計り知れません。「自分がもう少し早く発見していたら」「原因は私かも」と自分を責めたり，その場面がフラッシュバックしたりして，気持ちの整理がつくまでかなりの時間とケアが必要です。学校ができることは，子どもが登校してきたときに，いつもと変わらず接していくと同時に，メンタルサポート体制を整えておくことです。

具体的な連携先
　急性ストレス障害から PTSD のような症状にいたる可能性があるため，担任，管理職，生徒指導部，養護教諭，スクールカウンセラーなどの校内連携体制を整えておきます。

---

❶子どもの状態は？
衝撃的な出来事でショックが大きく，気持ちの整理ができないでいるか。
→ ぼうぜんとしている

↓ 耐えている

❷担任または養護教諭等と話ができるか？
身近な人と少しでも会話をすることができるか。
→ できない

↓ できる

❸身体症状・言動に変化は？
不安・緊張からくる頭痛・吐き気，心のバランスを崩している兆候はあるか。
→ ある

↓ ない

❹普段どおりに学級の子どもたちが接しているか？
よそよそしくしたり，うわさをしたりせずに，いつもどおりに接しているか。
→ 接していない

↓ 接している

子どもの様子を継続して観察し，いつでも接触できる関係を維持しておく。

した。どうも自殺のようです。

❶子どものそばを決して離れず，押し寄せてくる感情を発散させてやりましょう。

(1) 家族の死に直面した子どもは，深い悲しみ，自責の思い，喪失感，恐怖感などでとても情緒不安定です。無理に我慢をさせないで，悲しみの感情をできるだけ発散させてやることが重要です。

(2) 少し時間がたつと，多くのケースで「自分がもう少し早く発見していれば」とか「原因が自分にあるのでは」と，自分を責める心境に陥ることが考えられます。家族の方に子どものそばを絶対に離れないこと，また，見守ってもらうように伝えます。

❷周りには信頼できる人がたくさん寄りそっていることを伝え，心の安定を図る対応をしましょう。

(1) 安心できる人がそばについているとか，だれかしらと話ができるようにしておくなど，気持ちを落ち着ける手だてをします。

(2) その際，担任または養護教諭，スクールカウンセラー，部活動の顧問など，学年，学級にこだわらず，子どもが「この人なら」と希望する人がかかわるようにしてください。

(3) 学校内，登下校時に関係なく，恐怖や不安を感じたり情緒不安定になったりしたときは，いつでも教師が駆けつけることを子どもに伝えておきます。学校は，いつ襲ってくるかわからない恐怖感を和らげると同時に，悲しみや不安などに寄り添う役目を担いましょう。

❸子どもの身体・言動の変化に気を配り，落ち着きを取り戻すまで，粘り強くかかわりましょう。

(1) 親の死の現場に直面した子どもは，時間の経過とともに心と身体的バランスの崩れがみられます。子どもによっては，深い悲しみや喪失感を大人に繰り返し形を変えて見せてきます。

(2) 子どもが事実を受け入れ，新たな気持ちで生きていくためにはかなりの時間を要するので，教職員は忍耐強く対応していくことが肝要です。

(3) PTSD（フラッシュバック，睡眠障害，集中困難，奇声，興奮など）を防ぐためには，専門家による早期の心のケアが必要です。学校内では，スクールカウンセラーと連携した相談支援体制，学校外では相談機関（児童相談所，自殺遺族支援ネットワークなど），医療機関による継続的支援が得られるように，管理職や養護教諭としっかり相談し，早めの連携をしておくことが大事です。

❹学級の子どもたちの様子・変化を観察・連携し，1日も早く平常な状態に戻れるように全教職員でかかわりましょう。

(1) このような身近な友達の出来事は，学級の子どもたちにも大きな影響を与えます。通夜，葬儀の参列を通して，友達の深い悲しみを自分のことのように感じて，身体症状を訴えてくる子どももいます。学年または学校全体で，学級や周囲の子どもの様子を観察し連携を図ってください。

(2) 当該児童生徒が登校してきたときは，いつもと変わらない接し方であってほしいことを子どもたちに伝えます。普段どおりが，その子どもにとっていちばんの精神的な安定につながります。

第5章 危機管理

3 教師が指導の中で，子どもにけ

事例
　授業中，離席している子どもを席に座らせようとしたら，子どもが机につまずき，顔を強打して歯の一部が欠けてしまいました。

考え方とポイント
　授業中に子どもが離席してしまうと授業が中断し，教師はイライラしがちです。
　しかし，事例のように子どもを強引なやり方で席につかせようとすることは決してよくありません。子どもは興奮し，指導に対する反発は倍増します。
　このような事態が起きたときは，教師はまず保健室に連絡し，子どもに医師の診察を受けさせます。次に管理職に報告し，速やかに教育委員会に一報を入れ，学年主任，生徒指導主事との連携を図ると同時に，事案を時系列にまとめます。保護者には当該教師・管理職などが心からの謝罪をします。

具体的な連携先
　保健室から医師の治療を。管理職へ報告し指示を受け，真摯にていねいに動きます。

---

❶けがをさせた教師は？
けがをした子どもを見て動揺しているか。
→ 動揺している

↓ 平静を保っている

❷体罰であるという受けとめは？
生徒指導の延長線上の出来事とはいえ，体罰であると認識しているか。
→ 認識していない

↓ 認識している

❸保護者への対応と謝罪は？
保護者が納得するような対応・謝罪ができたか。
→ まだしていない

↓ 対応済み

❹不祥事防止に向けた学校の取り組みは？
不祥事防止委員会や服務研修の内容が生かされ，当事者意識をもっているか。
→ 意識していない

↓ 意識している

再度，根拠に基づいた体罰禁止の意識を徹底する。

がをさせてしまいました（体罰）。

❶けがをした子どもの救済を第一に，迅速かつ冷静な対応をしましょう。

⑴被害を受けた子どもの救済を第一に考えてください。速やかに児童生徒もしくは近くにいる教職員を職員室または保健室へ行かせて，応援を頼みます。

⑵養護教諭は応急処置を行い，状況に応じて医師への連絡・診察を受ける手配をします。次に保護者へ連絡し，搬送された病院で保護者を待ちます。

⑶保護者は，理由もわからず駆けつけてきますから，かなり動揺していることが予想されます。学校関係者は「治療を優先」したことを伝えます。事実関係を正確につかんでいない段階で個人的な見解を述べると，この後の対応が困難になります。冷静な対応を心がけてください。

❷体罰は絶対に「許されない行為」であることを認識しましょう。

⑴体罰は法律で禁止されています。したがって，教師は行政上，刑事上，民事上の個人責任を負わなければなりません。また，いかなる理由があろうと体罰はあってはならない行為であり，教職員（公務員）としての道義上の責任も生じます。

⑵体罰が起きる場面での子どもには，「きまりを守らない」，「わがままな行動」，「集団の秩序を乱す」などといった状況がみられます。このような状況をみて教師は「守らせるためには話だけでは無理。強い指導が必要」と思い，結果的に体罰と化してしまうことがこれまでも少なくありませんでした。体罰は教職員の指導力のレパートリーの少なさの表れであり，そこには教育そのもの（支援し育てる）が存在しないこと，学校教育に対する信頼を大きく崩すものであることを深く認識してください。

⑶体罰を受けた子どもへの影響として最も大きいのは「心」の影響です。肉体的・精神的苦痛を与えるだけでなく，心の傷として長く残り，屈辱感・自虐感をもち，自尊感情を減退させるなど，心の成長を阻害してしまいます。また，学習面の影響，子ども同士の人間関係，子どもと教師の人間関係に歪みを生じてしまうことにもなるのです。

❸保護者には誠意ある態度で心からの謝罪をし，今後の対応についてていねいに説明しましょう。

⑴保護者へは，即日中に管理職とともに家庭訪問を行い，体罰行為の非を認めるとともに，教師は誠意をもって謝罪をします。

⑵管理職は，謝罪とともに事実説明と原因・背景，今後の学校としての対応，再発防止に向けた全教職員への指導と周知の徹底を図る内容をていねいに説明します。

❹子どもの尊厳と成長を育む学校体制づくりに向けて全教職員で取り組みましょう。

体罰発生の原因と指導の課題を分析します。それと同時に，体罰は子どもの人権および人間としての尊厳を損なう行為であること，子どもの心理・行動の変化を踏まえて長期的な視野に立って時間をかけて根気よく指導することを，服務研修などで全教職員が再認識することが大切です。

第5章 危機管理

コラム

マスコミ対応

　以前，中学校に勤務していたとき，同僚である教職員の不祥事が発覚した。「県青少年健全育成条例違反」である。県教育委員会が記者発表を行うのとほぼ同時に，4～5社の新聞記者や報道機関から電話が殺到し，連日その対応に追われた。校長をはじめ教職員の多くが心身ともに憔悴した日々が続いたのを今も鮮明に記憶している。

　当時，教育現場において，新聞，テレビ，週刊誌等，各種のマスコミからの取材に対して，学校組織としてどう対応するか，基本方針が十分に確立されていなかった。マスコミから生徒を守ること，教職員の個人的な見解を避けること，緊急保護者会の期日と内容，窓口の一本化といった基本的な確認事項を行うことに精一杯であった。

　これまで他県や他校で事件が起きたときは，遠くから距離を置いて眺め，大変さを他人事のように感じていたり，安易な受けとめであった。実際，当事者としての立場になると，マスコミという未知なものに対して恐怖感を抱き，当然のことながらマスコミの影響力が絶大であることを思い知らされた。

　「マスコミ対応」は，だれしもが必ず経験するものではない。まして，一生のうちで「記者会見」を体験することなどそうあるものではない。しかし，現在，学校経営に携わる校長として，日々の子どもたちを取り巻く現状況において，子どもにかかわる事故・事件，教職員の不祥事，不審者対応，情報漏洩，交通事故など，「いつ起きてもおかしくない」と感じている。ほんとうに学校には，多くの危険が潜んでいる。したがって，マスコミ対応の基本を自分のものにしておくことは，多少の困惑はあるにしても，動じることなくリーダーシップが取れるのではないだろうか。

　まず，報道とは何かを押さえておきたい。マスコミは，さまざまなメディアを通して，国民の知る権利の代弁者である。学校は，事案について，相手（マスコミ，視聴者など）に正しく知ってもらうことに徹することが大事である。時にマスコミは，感情をあらわにして怒声に似た言い方で責め立てる場面も少なくないが，だからといって，マスコミを遠ざけたり，逃げたりすると追いかけてくる。隠すと暴こうとする。事の真意よりも「逃げた」「隠した」が先行して報道されることもしばしばである。

　そこで，マスコミ対応の心得について4つの視点からふれていく。

①窓口の一本化を徹底する

　事件が発生した場合，学校として役割を明確にした対応をするために「窓口一本化」は最も大切なことである。調整にかかわる対応・広報担当は，教頭を窓口としておくことが望ましい。このことは，マスコミ関係者にもあらかじめ知らせておく。教職員に対しても，日ごろから広報担当者は教頭であること，報道関係者から呼びとめられて取材を受けたときは，「教頭が責任者となっていますので，教頭にお聞きください」と答え，どんな話を向けられても，この台詞以外は話さないように周知しておくことが大事である。

　電話取材でも同様である。間違っても，「この台詞以外は，何も話すなと言われているんです」と余計なコメントをしないように気をつけたい。

②「いつ」「どこで」「何が」の第一報を迅速に

報道関係者が一番に知りたいのは，「いつ」「どこで」「何が」あったのかである。110番通報のあった事案は，その時点でマスコミ関係者はこの3つは知っていると思ってよい。したがって，報道発表をするまでにマスコミから問い合わせがあったときは，「いいえ，特にありません」と答えると，不信感をもたれてしまうことになるので要注意である。「○○が発生しましたが，まだ状況がつかめません。状況・概略が判明次第発表しますので，もうしばらくお待ちください」などの対応をすることが大事である。

多くの場合，教育委員会に事案の概要を報告し，報道発表の際に学校側も事案の内容について問われることとなる。1歩突っ込んで「だれが」「なぜ」「どのように」「何が原因で」といった詳細な内容を問われることがあっても，判明したものから順次答えていけばよい。そのためにも，「いつ」「どこで」「何が」の説明が正しくできるように，時系列に文章にまとめておくこと，また，その場所や発生した状況を図式化したものを用意しておくと，的を射たスマートな発表ができる。

マスコミは，記事にするために時間との戦いをしている。私の経験から，新聞の場合，朝刊，夕刊の締め切り時間があるので，発表する内容を整理して伝える配慮が必要である。

③**事実確認した正確な発表を**

時々，「すみません」「間違っていました」といった，自信がなくおどおどした記者会見の場面を見ることがある。発表内容にミスや訂正があると，その後の学校の対応すべてに信頼性を失うことにもなりかねない。また，こうした雰囲気を感じ取られると，流れが相手側の優位に展開してしまうことにもなる。

そこで，必ず確認しておくことは，関係者の名前，学年と年齢，事案の原因，動機に裏づけが取れているかである。慌てていると，このような基本的なことでも誤りが生じることがあるので，つまらないミスをしないよう細心の注意を払うようにしたい。

④**各報道関係者には「公平」かつ「誠実」な対応を**

記者会見を行う場合は，事案の件名，日時，場所，出席者，事案の概要をまとめた報道連絡表のようなものを作成し，報道関係者に公平に漏れなく，慎重に発信すること。

記者会見の場面では，発生した事案をよく分析して，校長が事実を隠さず説明する。学校側の視点ではなく，パブリックな立場の視点で，また，報道関係者の目で見て，謝罪の意思と姿勢をもち，再発防止への具体策を示すなど，真摯な態度で臨むことが大切である。

教職員にいつも伝えていることがある。「全教育活動において，安心・安全な教育環境づくりに徹してほしい」と。何よりも「子どもの命を守り，支え，育む」ことで，子どもの可能性や能力を見いだし輝かせることができるのである。そして，万が一，事案が生じてマスコミ対応に向き合う状況になったときは，決して保身することなく，学校組織として「誠実」な対応に努めていきたい。

齋藤　美由紀

1 特別に勉強をみてほしいと

> 先生，なんでもいいから，勉強を教えてやってください。

事例
中学校2年生A君の保護者からです。期末テストの結果が非常に悪く，「こんな点では高校に行けない。特別に勉強をみてほしい」と，会う度に言われます。

考え方とポイント
母親は，自分の子どもが勉強ができないこととともに，それをどうしていいかわからず悩んでいます。何とかしたいと思っても，子ども自身に意欲がなく，まったく勉強をしようとしません。母親は，だれに相談したらよいかわからず，担任の先生にお願いするしかないと思っています。

子どもの学力や，本人がどうしたいのか知ることも大切です。子どもの将来のことを見通して一緒に考えていく必要があります。

具体的な連携先
中学生の場合，教科担任と連携します。学校や学年で何ができるか，学年主任，教務主任，教頭に相談してみます。

---

❶みてほしい教科がある？
みてほしいもの（教科，勉強方法など）があるか。 → ある

↓ ない

❷特別にみてほしい？
特別に1人だけみてほしいと求めているか。 → 求めている

↓ 求めていない

❸生徒自身が特別にみてほしいと思っている？
母親の要望ではなく，本人もみてほしいと思っているか。 → 思っている

↓ 思っていない

❹毎日の学習習慣がある？
家庭学習をする習慣が身についているか。 → 身についていない

↓ 身についている

教科担任と連携を取りながら学習指導を進めます。場合によっては，母親がスクールカウンセラーに相談するのもよいでしょう。

繰り返し言われています。

❶ 目標や家庭での勉強法を聞いてみましょう。
(1) 何をみてほしいのか(教科,方法など),聞いてみましょう。はっきりしている場合,保護者は,自分の子どもの実態を把握しており,本気でみてほしいと思っています。
(2) 具体的にみてほしい教科がある場合は,目標が明確になっている場合が多いです。目標や家庭での勉強方法を聞いてみましょう。例えば,「どうしても工業高校へ進学させたいが,数学がまったくできない」「塾へ行かせたいが,いつから,どのタイプの塾が適しているかわからない」などのときには,学校の様子や授業態度などを具体的に伝えることで,保護者が自分の考えを話しやすくなります。

❷ 訴えの背景にある保護者の気持ちを理解していきましょう。
(1) 保護者が特別に自分の子どもだけをみてほしいという場合は,学習ができないだけでなく,保護者が別な不安を抱えている場合があります。教師はその不安を読み取り,整理し,明確にしていきましょう。例えば,「勉強ができないのは,母親のしつけが悪いからだと,父親から攻撃的に言われている」「子どもに障害があり,行き先(進路)が不安」「経済的に不安で公立高校に進学してほしい」などです。まずは,その不安を知り,「一緒に考えていきましょう」と支援します。
(2) 障害がある場合は,その専門機関を紹介したり,経済的な問題の場合は,奨学金取得の方法を知らせたりします。

❸ その子どもに「できること」を探していきましょう。
(1) 本人が,学習のことを何とかしたいと思っているかどうかを確認します。保護者の了解を得て,「お母さんは心配しているよ,どのようにしていこうか?」と本人に相談します。本人も何とかしたいと思っている場合は,「できること」を探します。
(2) 本人も何とかしたいと感じている場合は,まず,本人のその気持ちを支持します。そして「できているところ」「得意なところ」を探し,具体的にアドバイスしていきます。例えば,「高校に行きたいなら,このくらいのことをしよう」「中学2年生だったら,家庭学習を3時間する」などです。今の本人にとって無理なことを要求するのではなく,本人の実態に合わせて「できること」を探します。
(3) 担任1人で進めるのではなく,教科担任のところへ相談に行かせます。例えば,中学2年生といっても,分数がわからなければ,そこからスタートしなくてはなりません。場合によっては,教科担任のところへ担任が一緒に行くことも大事です。

❹ 学級全体で,学習習慣づくりに取り組みましょう。
(1) 子どものやる気がない場合は,学習習慣を身につけさせたり,自分の進路を考えさせたりします。そのとき,本人はもちろんですが,保護者と話し合うチャンスをつくります。
(2) 学習習慣は,1人ではなかなかできません。例えば,各教科で宿題を出す,学級で学習ノートを提出する,家庭学習時間を表にするなど,学級全体で学習習慣を身につけさせます。

2 ちくちくとクレームを言う

ばかと言われた，宿題が…，忘れ物…

事例

小学校3年生のB君の母親は，「友達がばかと言う」「宿題が多すぎて家ではできなかった」など，非常に細かいことを連絡帳に書いてきました。

考え方とポイント

子どもは学級生活に不満があってもその内容を，母親にうまく話すことができない場合があります。母親は子どもが何の原因でイライラしているのかわからず，子どもを問い詰めます。子どもは困り，その場で思い浮かんだことや，とっさに思いついたことを言います。心配している母親は，それを鵜呑みにしてそのまま担任へ伝えることがあります。

担任は，1つ1つを解決しようとするのではなく，その背後にある不安を把握し，保護者を支援する言葉がけに心がけましょう。母親が安心しないと根本的な解決にはなりません。

具体的な連携先

学年主任や同じ学年の先生に相談します。

---

❶子どもに確認できるか？
保護者の言うクレームが事実かどうか，子どもに確かめることができるか。

→ できる
↓ できない

❷保護者に直接会って話せるか？
保護者に会って，子どもの全体像をつかむ話ができるか。

→ できる
↓ できない

❸細かいクレームを言ってくるか？
保護者が細かく具体的なクレームを言ってくるか。

→ 言ってくる
↓ 言ってこない

保護者に子どものできたこと，よかったところを伝える。教育相談係やスクールカウンセラーと連携する。些細な1つ1つに気を取られるのではなく，保護者が不安になっているものをつかむ。

保護者の対応に疲れています。

❶子どもにクレーム内容を具体的に聞いてみましょう。
(1) 保護者がクレームを言ってきたとき，思いあたるふしがある場合は，すぐ解消できるかどうかは別にして，謙虚に受けとめる姿勢が大切です。この母親はとても小さなことまで心配している，母親の気にすることがわかってよかった，と受けとめましょう。
(2) 保護者のクレームを子どもに確認し，事実か，そして，どう思っているか聞いてみましょう。例えば，「友達が君にばかと言ったんだって？ 今は，どう思っているの」「宿題を何時に始めたの？」などです。子どもが明らかに今も嫌な思いをしていたら指導が必要ですが，そうでない場合は，「ばかと言われ，嫌な思いをしましたね。しかし，今日はすっかり仲直りして一緒に遊んでいますよ」「宿題は，9時から始め，1時間でできていますね。もっと早く始めるといいですね」など，その後の様子を保護者に伝えます。そして「安心して見守りましょう」や「翌日，お母さんが聞いてあげてください」などの言葉を付け加えます。

❷顔を見ながら，保護者の話を聞きましょう。
(1) 保護者に会って，苦情をていねいに聞きます。そのときは，担任と，学年主任，場合によっては管理職と一緒に聞き，複数で対応すると，あとで言った言わないのもめごとを防げます。また，ちくりちくりと言われても複数で対応すると，感情的になるのを押さえることができます。
(2) 事実の確認とその前後の様子を把握します。ばかと言われた事実があっても，その前に何があったのか，その後はどうなったのかを保護者が確認できると，安心したり納得できたりします。
(3) 保護者に「安心して，子どもを一緒に見守っていきましょう」と支援する姿勢を見せます。

❸クレームの原因を聞き，対応策をたて，結果が出るまでかかわりましょう。
(1) 保護者に直接会うのが望ましいですが，連絡帳や手紙，最近はメールやファックスで苦情が伝えられることもあります。その場合も，基本的な対応は，❷と同じです。例えば，「うちの子がC君にたたかれました。叱ってください」という訴えがあったとします。これも子どもが家に帰って「たたかれた」とだけ言ったのを聞いて，学校へ苦情を言ってくる場合があります。前後をよく聞いて，様子を伝えることが大切です。そして，仲直りして一緒に活動していることまで伝えると，保護者は安心します。
(2) 後日「その後，どうですか？」と付け加えます。報告があったら「一緒に子どもを応援して見守っていきましょう」と支援するスタンスを取りましょう。
(3) できるかぎりのことをしたら，学校側から，子どもができたこと，子どものよかったところも伝えるようにします。

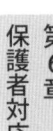

第6章 保護者対応

3 毎日2時間も電話をしてく

事例

休日や夜間に，教師の携帯電話に電話をかけてきて，子どものことを長時間話す保護者がいます。*

考え方とポイント

担任の携帯電話や自宅に電話をかけてくる保護者には，学校へかけるようお願いします。

まず用件を聞き，その後で具体的な内容を聞きます。電話ではなく会って聞きたいとお願いします。学校で，時間を設定して顔を見ながら話をすることが大切です。

学校へかけてくる場合の対応を明確にしておきます。担任1人で対応するのではなく，管理職などがかかわるようにします。

「携帯電話ではなく学校へ，電話ではなく直接会って，担任1人ではなく関係職員が対応する」を基本とします。

具体的な連携先

教頭など管理職に相談し，授業に迷惑がかからないよう，また保護者が突き放されたと感じないように対応します。

---

❶ **直接会うという提案に？**
直接会って話を聞きたいという提案に保護者が同意するか。 → 同意する

↓ 乗り気ではない

❷ **学校で電話を受けて対応できるか？**
電話を学校にかけてもらい，学校で対応できるか。 → 対応できる

↓ 何度も電話がかかってくる

❸ **ほかの教職員が出て？**
ほかの教職員が電話に出て対応できるか。 → 対応できる

↓ 十分な個別的かかわりが必要

❹ **スクールカウンセラーとの面会は？**
スクールカウンセラーと面会し，話も気持ちも受けとめてもらえるか。 → 乗り気ではない

↓ 受け入れる

スクールカウンセラーと面接する日時を決める。

る保護者がいます。

❶まずは直接会って話を聞きましょう。
(1)「携帯に電話をしないでください」と言う前に，「お会いしてお話を伺います」と伝えます。保護者が「会うほどのことでもない」「忙しくて会う時間がない」と言っても，「心配なので直接お会いしてお話を伺いたい」と，まず伝えます。
(2)会って話を聞くときは，1回目は大まかなことを聞くために時間が長引くことがあります。学年主任や教育相談係と一緒に複数で聞き，まだ話がしたいと保護者が言ったら，2回目に対応する職員を決めます。
(3)次回の約束は，「この話はスクールカウンセラーがいいですね」「これは管理職がいたほうがいいですね」と伝えます。そして，日時，面接場所，時間を決めます。そして，対応する時間は授業があるなどの理由から，長くても50分を基本とします。

❷学校へ電話をお願いしましょう。
(1)「携帯電話は私的なものなので，学校へ電話をください」とはっきり伝えます。それを確実に伝えてから，携帯電話は留守電対応に切り替えます。緊急場合でも，学校へ電話をしてもらい，学校から担任へ連絡することを原則とするのがよいでしょう。なお，学校側に落ち度があると保護者が思っている場合は，なおさら家庭での電話では解決できません。そこで，電話では対応しかねることをていねいに謝り，①学校で，②直接会って，③複数で話をします。
(2)授業中は担任へ電話をつなぎません。また，勤務時間が終了している場合は，「退勤しました」という対応で処理します。話の内容にもよりますが，「担任は授業です。学級指導で電話に出られません」が基本です。
(3)担任が電話に出られない場合は，教頭やスクールカウンセラーが対応するようになると思います。そのことを事務室に伝えておきます。
(4)ほかの教職員，特に学年の担当教員とも共通理解をして，できるかぎり「会って話をする」ことを勧めます。

❸電話に出る人に方針を伝えておきましょう。
(1)事務室へは，事前に説明をしておき，「そのことでしたら，教頭につなぎます」など，連絡をこまめに取っておきます。その中にスクールカウンセラーも入れておくとよいでしょう。
(2)外部機関の紹介は，管理職がよいでしょう。

❹スクールカウンセラーにつなぎましょう。
(1)電話を長時間かけてくるのは，保護者に不安がある場合が多いです。学校にきてもらって，スクールカウンセラーが話を聞きます。そこから，外部機関につないでもよいと思います。
(2)話が長時間で面倒だから外部機関に回すのではなく，ていねいに聞くことを心がけます。
(3)「スクールカウンセラーは関係ない，私は悩んではいない」とカウンセラーとの面会を拒否する保護者の場合は，担任が「私の力では解決できそうもないので，どんな内容か一緒にカウンセラーに聞いてもらいたい」とつなぎます。

＊直接に携帯電話の番号を教えなくても，緊急時に保護者の携帯に電話することにより，教師の携帯電話の番号が伝わってしまうことがあります。

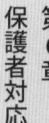

4 いじめの見張りをつけてく

> いじめられているのではないか…
> 見張りをつけて…

事例
「子どもの様子が変である。何となく落ち着かない。いじめられている感じがする。いじめられていないか見張りをつけてほしい」と保護者から要請をされています。

考え方とポイント
まず、実態を把握する必要があります。学級担任だけで判断するのではなく、学年の教職員、養護教諭、友達（学級だけでなく学年や部活動も）などからも情報を収集します。生徒指導や教育相談の職員にも報告します。

保護者に、なぜそう感じるのか聞いてみましょう。電話ではなく実際に会って、複数の職員で聞くとよいでしょう。

基本は「見張りをつけることはできない」という回答になります。

具体的な連携先
全職員に連絡し、いじめがあるかどうか、生徒指導主任や教育相談主任と連携を図り早く実態把握します。

---

❶いじめの確認は？
本人にいじめられているかどうか確認できるか。

→ できる

↓ できない

❷保護者は、なぜ、いじめられていると思うのか？
保護者に、なぜ子どもがいじめられていると思うのか、具体的な事実や思いあたるふしを聞いたか。

→ 聞いていない

↓ 聞いた

❸子どもについて不安なことは？
子どもについて、最近の様子で心配事があるか？

→ ある

↓ ない

❹それでも見張りは必要か？
何もないなら、見張りは必要ないのでは？

→ 必要である

↓ 必要ではない

安心できる場所をつくる。子どもの話を聞く人を決める。

れと保護者に言われました。

❶まずは本人に聞いて，いじめの確認をしましょう。

(1) ストレートに「いじめられているか」と聞くのではなく，「君のことを心配している」「保護者も君のことを心配している」など，子どもの身になって聞きます。

(2)「どんなことがあっても君を守る」ことを保障して聞きます。「君も非がある。君も直さなくてはならない」は，次の問題です。「絶対いじめはいけない，君を守る」ことを約束します。

(3) 子どもに聞くとき，「いじめ」という言葉にこだわらず，「嫌なことはないか」「困っていることはないか」と幅を広げて聞くとよいでしょう。「いじめられている」と言いにくい場合もあるし，「いじめまでいかないけれど，不愉快だ」ということもあります。

❷親が安心して話せる対応を工夫しましょう。

(1) いじめがあるとすれば大変なことです。電話で済ませるのではなく，保護者と顔を合わせて聞きます。保護者の要望を聞きながら家庭訪問し，聞く場合もあります。学校であれば，個室などだれにも気兼ねせずに話せる雰囲気をつくります。

(2) どの先生なら話しやすいか保護者の考えを聞き，複数で対応します。学級担任と学年職員，教育相談係，時にはスクールカウンセラーに加わってもらいます。

(3) なぜ，子どもがいじめられていると思うのか，具体的に聞きます。事実と保護者が感じたことを分けます。保護者はやっとの思いで話したのに，「そんなことはないです」とあっさり否定することは控えます。「お母さんはそう感じたんですね」と保護者が感じたことに共感しながら聞いていきます。

(4) そして，いじめと思われる事実があれば，聞きながら具体的にしていきます。子どもの話も含めて，事実と感じていることを分け，「お母さんはいじめだと感じられたのですね。友達とふざけていただけだったということがわかりました。嫌な思いをさせましたね」と，いじめではなかったことを確認します。

❸保護者に子どもについて不安なことを聞いてみましょう。

(1) 子どもの最近の様子を聞きます。最初は，親が気になることから話してもらいます。聞いていく中で，子ども同士の人間関係を聞きます。事実だけでなく，好感をもっている，嫌がっているなどの感情の部分も聞きます。同じ事実でも，「嫌な友達」だといじめられていると思いがちです。子ども同士の人間関係がわからなかったり心配だったりすると，些細なことでもいじめられていると思いがちです。

(2) いじめられていなくても，保護者が子どもについて不安に思っていることは，共感的に聞きます。そうすることにより保護者は安心し，不安感は消えていきます。不安がなくならなければ，真の解決にはなりません。

❹全職員でよく見ていくことを伝えましょう。

(1) それでも，見張りが必要だと保護者が言った場合，「全職員によく注意して見るように伝えます」と保護者に伝えます。そして，全職員で見た結果を最初は担任から，保護者に伝え，そのあとは管理職から伝えてもらいます。いじめがないこと，子どもへの不安も解決に向かい，一緒に子どもを見守っていきましょうと伝えます。

(2) 定期的に保護者から電話をもらうとか，面接をするなどのコンタクトを取る約束をすると，保護者は安心します。

第6章 保護者対応

5 「未婚で子どもいないのに

> そんなこと言われても……

事例
　子どもの落ち着きのなさについて連絡帳に記したら，保護者から電話がありました。会話の中で「子育てしていない独身の先生に何がわかるの?!」と言われて，何も言えなくなってしまいました。

考え方とポイント
　保護者の言葉で傷ついたことは十分にわかります。しかし，これからもこの保護者とは対応していかなくてはなりません。たとえ保護者の言葉に問題があったからといって，投げ出すわけにはいきません。子どもの問題と保護者の問題をきっちりと分けて作戦を立て，対応をしていきましょう。

具体的な連携先
　保護者対応について困ったら，まず管理職に連絡・報告・相談（ホウレンソウ）をしましょう。そのうえで，先輩の女性教諭などに助言を仰ぐとよいでしょう。先輩教諭もきっと若いころに同じような経験をしているはずです。1人で悩んでいても解決はしません。

---

❶ 連絡帳の記載内容や書き方に問題は？
記載内容は事実でも表現の仕方が保護者の気に障るような書き方ではなかったか。
　→ あった
　↓ なかった

❷ 日ごろからよく叱るか？
対象の子どもは連絡帳に記載した内容を含め，日ごろからよく叱るか。
　→ よく叱る
　↓ 叱らない

❸ 保護者と学校で問題の共有をしているか？
保護者に学校での問題を伝え，その問題について理解してもらっているか。
　→ していない
　↓ している

❹ 管理職と保護者の面談は？
管理職と保護者の面談の場を設けているか。
　→ 設けていない
　↓ 設けている

積極的に子どもの良さを見つけ，褒めるようにする。

と保護者に言われます。

❶ 感情的にならず，言葉の背景にある母親の気持ちを受けとめましょう。こちらに謝罪すべき点があるときは，謝罪しましょう。

(1) 連絡帳の内容や書き方に少しでも問題や不安があるのなら，すぐに訂正して謝罪することも必要です。保護者の中には，ほんの些細な表現にもこだわって気にする人もいます。「正しいこと」，「事実」を記入したとしても，「表現が悪い」，「一方的」，「愛情が伝わってこない」などが考えられる場合は，そのことについて謝罪することも必要です。

(2) 「子どものいないあなたに…」は決してよい表現ではありませんが，母親にとっては自分の分身である子どものことですから，「あなたに何がわかるの…」は，保護者の感情として十分に理解できます。したがって，担任は感情的にならずに母親の言葉を受けとめ，「親としての気持ちまで配慮ができなくて申し訳ありませんでした」などの反省の言葉を伝えます。

❷ 保護者の自尊心が傷ついています。保護者の自尊心が満たされるようなていねいな対応を心がけましょう。

(1) 子どもが叱られたのは今回が初めてではなく，今までもよく叱られたり，連絡帳にも書かれたことがあるとしたら，保護者は今回のことだけでなく，何度も叱られたという事実について不満をもっている可能性があります。その可能性を探るために，今まで以上にていねいに子どもの問題点について説明します。

(2) 子どもに対して，親の期待が大きいため，怒られたり，叱られたりといった行為に対して敏感になっているようです。問題はすでに，子どもの問題ではなく，親自身の問題になっている可能性があります。ここでは保護者の問題には踏み込まず，子どもの成長を見据えた助言をしていきます。

❸ 保護者と担任の関係が壊れてしまったときは，担任は子どもの支援に専念し，保護者対応の中心を管理職に代わってもらいましょう。

(1) 保護者は子どもや自分の問題であることを正しく受けとめられず，担任にそのうまくいかない状況をぶつけています。

(2) このような関係になると，保護者とともに事実の確認をすることは難しくなります。そこで，保護者対応は管理職にゆだね，担任は子ども支援に力を注ぎましょう。その際，今までのかかわりを担任も反省し，子どものよいところに着目し，注意より褒めることを優先していきましょう。そして一律的な指導ではなく，個別の配慮ある指導が必要であると考えます。

❹ 管理職が保護者と面談を行い，気持ちを受けとめていきましょう。

(1) 管理職が担任への不満を聞き，受けとめながら，困っていることを引き出せればベストです。しかし，ここで大切なのは，受けとめることであり，受け入れてはいけません。「担任の指導について不満をもっているんですね」と受けとめはするが，「担任には問題がありますね」といったような，保護者の不満を受け入れる対応はこの段階では行いません。つまり保護者の親としての気持ちは理解できるが，それから先の要求などについては，すぐに対応するのではなく，問題の全体像が明らかになってから示します。

(2) 保護者の困っていること（子どもの問題，夫婦の問題，嫁姑の問題など）が出てきた段階で，担任への不満から自分自身の問題へと移っていったことを確認します。保護者は管理職を信頼し，自分自身について語り出します。

第6章 保護者対応

6 保護者から「クビにしてや

「担任をやめさせろ！クビにしろ」

事例

授業中の立ち歩きが目立った子どもを担任は強く叱りました。その後，保護者（父親）が管理職のところに怒鳴り込んできました。父親は校長に「担任をやめさせろ！」と詰め寄りました。

考え方とポイント

子どもへの注意が必要だったことは間違いありません。しかし，保護者は素直にそれを受けとめることができなかったようです。この場合，担任が直接保護者に対応しても逆効果でしょう。保護者対応は管理職にまかせ，担任は，子どもの相談相手となれるよう，子どもとの信頼関係を強固なものにすることに力を注いでいきましょう。

具体的な連携先

このような保護者は，日ごろからしばしばクレームをつけているはずです。したがって常に学年主任や管理職に状況説明をしておくことが必要です。絶対に1人で対応せず組織で対応することが必要です。

---

❶ 子どもへの対応の仕方は？

子どもへの対応は感情的にならず冷静で，妥当な注意であったか。

→ 妥当ではなかった

↓ 妥当だった

❷ 担任は保護者の不満を？

保護者が日ごろから不満をもっていると感じていたか。

→ 感じていた

↓ 感じていなかった

❸ 管理職と保護者の話し合いの場を設けているか？

保護者と校長，教頭などの管理職との話し合いの場があるか。

→ 設けていない

↓ 設けている

❹ 子どもへの指導の見直しは？

子どもへの指導を見直したか。

→ まだ見直していない

↓ 見直した

子どもとの関係をしっかり結び，保護者には深入りしない。

る」と罵倒されました。

❶感情的にならず，子どもが納得できる仕方で注意できたか振り返りましょう。
(1)子どもへの注意の仕方は，感情的にならずに，事実についてのみ注意ができたか振り返りましょう。また，子どもは素直な態度で教師の言葉を受け入れていたか振り返りましょう。担任からの注意を納得できず，ふてくされた態度や落ち込んだ態度で帰宅すれば，保護者に訴えていることは十分に考えられます。子どもが納得できるような注意の仕方を心がけましょう。
(2)比較的いつも同じ子どもばかりを注意していませんか？　時として教師自身が気になることについて，必要以上に注意していることがあるので気をつけましょう。

❷具体的な対応は管理職に委ねて，何が保護者の不満を蓄積していったか考えましょう。
(1)「おまえのクビなんかいつでも切れる」と言ってくる保護者は，父親のほうが多くみられます。つまり，権威や力でねじ伏せようとするやり方が男性的な発想です。この場合，父親は母親に「文句を言ってきて」と言われ，父親の威厳を見せるべく行動していることが考えられます。その場合，担任が父親と直接対決をしても問題の解決にはいたりません。なぜならば，問題の視点がそれぞれに違うので話し合いは困難でしょう。この場合は，保護者対応は管理職にゆだねるのがよいでしょう。
(2)「おまえのクビなんかいつでも切れる」とまで言わせる背景は何なのか，管理職と担任は見きわめる必要もあります。たぶんこのような保護者は，日ごろから担任に対する不満や批判を出しているはずです。そのことを担任はしっかりと受けとめ，管理職などにクレームの事実を確実に伝えておかなければなりません。

❸管理職は担任の擁護に終始せず，保護者の言い分に耳を傾けましょう。
(1)管理職は保護者の話をていねいに聞き，保護者の言い分を確認しましょう。本当にクビにしたいのか，不満があるからそういった表現をしているのか見きわめることが必要です。すぐさま「申し訳ありません，担任に強く指導しておきます」などと安易な受け入れは絶対に禁物です。
(2)よくこうした場面で対応を間違え，より状況を悪化させるのは，担任の擁護に終始してしまうことです。ここで必要なことは，子どもの問題を真ん中に置いて話し合うことです。「担任のこともありますが，まずはお子さんの学校生活を取り戻せるように話し合いましょう」と提案する。しかし，保護者が子どもの問題より，親の面目や単なるクレーマーとして発言しているようなら，毅然とした態度で保護者と対応することも必要です。

❹子どもの良さを積極的に認めていく指導を心がけましょう。
(1)子どもへ注意するなどの指導は必要であり大切なことですが，子どもの良さを見つけ，認めていく指導に変えていくことも必要です。子どもを褒めることで，子ども自身も変化し，保護者も見方を変えてきます。
(2)保護者の批判的な反応から，さらに子どもへの見方が厳しくならないように注意しましょう。意識しないほうが無理ですが，あまり深入りしないことも必要です。

第6章　保護者対応

7 子どもの発達障害の可能性

事例
　D君はこだわりが強く，自己中心的な言動も多く見られ，級友との人間関係がうまく築けません。今までの経験から発達障害の可能性が考えられるので，専門機関を受診することを保護者に勧めたのですが…。

考え方とポイント
　いきなり専門機関への受診を勧めるのではなく，まず保護者の考えや思いをつかみましょう。そのうえで，保護者は子どもの状況を正しくつかんでいるのかを確認しましょう。もしつかんでいないのなら，担任だけでなく，管理職など複数の職員が少しずつ保護者に相談，助言をしていきましょう。きっと保護者も困っているはずです。その気持ちを出させてあげましょう。

具体的な連携先
　担任は，発達障害かどうか複数職員の意見や専門機関からの助言を受けることが必要です。また，管理職には子どもの情報は確実に伝えておきましょう。

---

❶ 保護者に会えるか？
学校への呼び出しや，家庭訪問で保護者に会えるか。
→ 会えない

↓ 会える

❷ 発達障害の認識は？
保護者は子どもが発達障害の可能性があるかも知れないと，気にかけているか。
→ 気にかけていない

↓ 気にかけている

❸ 受けとめられるか？
発達障害の可能性があることを受けとめられるか。
→ 受けとめられない

↓ 受けとめられる

❹ 専門機関との面接は？
教育センターなどの専門機関で学校での様子を相談できるか。
→ ためらいがある

↓ 承知する

専門機関と連絡を取り合い連携する。そして，専門機関と学校の役割を明確にするために，話し合いを行う。

を保護者が認めません。

❶保護者の気持ちを「理解しよう」とする姿勢で訪問しましょう。

(1)学校に呼び出しても，家庭に訪問しても保護者が会おうとしない背景は何なのか考えてみましょう。保護者が会おうとしないことにも意味があるというスタンスで，保護者との関係をとらえていきましょう。

(2)家庭に訪問する際は，会えないことを想定し，手紙やメモ置きをして，その後，電話を入れておきましょう。電話にも出ない場合は留守電に入れておきましょう。

(3)大切なことは，担任が保護者や子どもに対して関心をもっている，心配しているといった姿勢を見せることです。ただし，必要以上に会いにいくのではなく，相手のペースに合わせて対応することが必要です。「何度行っても会えない」と言いながら，いつも放課後，部活動が終わったあとに行くといった担任の自己ペースにならないように注意しましょう。

❷保護者の反応を一瞬のうちに見きわめた対応をしましょう。

(1)自分の子どもが「発達障害ではないか」ということを気にかけていない保護者に，発達障害の事柄について説明しても逆効果です。「この先生は何を言っているの？」といった具合で不信感をもたれてしまう可能性があります。まずは，保護者とあらゆる可能性について話せる関係づくりが必要です。

(2)学校での様子を伝え，家では困っていることはないか聞いてみましょう。あくまでも「問題をもつ子ども」という発想ではなく，生活しづらい，集団に溶け込みにくい状況になっていることを心配しているといった方向で話をしていきましょう。

❸保護者にとっては一生の問題であるということを認識した対応をしましょう。

(1)担任から伝えた子どもの状況に対して保護者が不信の表情を見せ，正しく受けとめられないと判断した場合は，いくら正しいことを伝えても逆効果です。その場合，管理職が担任とともに面接を行う，管理職のみで行うなど，保護者と担任の関係に応じて対応していきましょう。

(2)管理職の面接では，管理職の立場として聞ける家庭の状況や子どもの家での様子などを少しずつ聞くようにしましょう。その際，保護者はどのような認識をもっているのか的確に把握しましょう。

(3)結論を急がずに，「じつは小さいときから育てにくいところが…」などの保護者の困り感を引き出せるようにしていきましょう。保護者にとっては一生の問題ですから，絶対に焦らず寄り添うようにしていきましょう。

❹あせらずに専門機関につなげていきましょう。

(1)保護者にとって専門機関での面接は大きなハードルです。面接を行うと，子どもについての診断が決定づけられてしまう印象をもつのは当然のことです。したがって，いきなり来所での相談ではなく，まずは匿名の電話相談からスタートすることを勧めましょう。その結果，保護者が来所を必要と感じれば相談が始まります。

(2)専門機関への必要性を感じていないようであれば，無理に勧めるのではなく，待ちましょう。その間，担任は発達障害への知識をしっかりもち，対応できる教師になりましょう。

1 もう教師をやめてしまおう

もう教師をやめようかな……

事例
日々の業務や行事に追われる毎日です。子どもや保護者との対応にうまくいかないことが重なり、仕事を続けることが嫌になっています。

考え方とポイント
疲れがたまると自分自身の行動を客観的に見ることが難しくなってくるものです。難しい仕事も1人でやり遂げようと無理をしたりします。また、物事に過敏になり、「すべてをきちんとしないといけない」と精神的に自らを追い詰めてしまいがちです。

まず、いろいろなサポートを得て、1人で何もかも抱え込むのはやめましょう。時間と労力にゆとりが生まれれば、結果として落ち着きを取り戻し、冷静な判断と行動ができるようになります。

具体的な連携先
専門機関や身近な人に相談してみるとよいでしょう。具体的なポイントを教えてくれると思います。

---

❶体調は？
体の調子が悪く、よく眠れない、元気が出ない、選択ができないなどの症状があるか。　→ 症状がある

↓ 症状はない

❷相談相手はいるか？
仕事の悩みなどを相談できる人が何人かいるか。　→ いない

↓ いる

❸有効なサポートがわかるか？
何が問題解決に役立つサポートかわかっているか。　→ わからない

↓ わかっている

❹対応に自信がもてない？
子どもや保護者にどのような対応をすればよいかわかっているか。　→ よくわからない

↓ わかっている

他分野の人との交流や趣味を広げるなど、仕事以外の生活環境を安定させていく。

かと悩むことがあります。

❶カウンセリングを受けたり，メンタルクリニックに行ったりしましょう。

(1) メンタルクリニックを活用しましょう。カウンセリングを受けたり薬を服用することで，よく眠れるようになったり，精神的に楽になったりすることが多いのです。心身のリラックスや体調を整えるうえで，医療機関を活用することに遠慮しないでください。

(2) 条件が合えば，大学院や研修センターなどに通うこともお勧めです。環境を変えることで，落ち着いて自分自身の問題点を振り返る機会がもてます。体の不調がひどくなっているときは，休職するのも1つの方法です。

❷悩みを相談できる人，気軽に話せる人を見つけましょう。

(1) 「相談しても解決しないのでは」と考えていませんか。そんなことはありません。親しい友人・同僚・先輩・スクールカウンセラー・恩師など，よく考えればたくさんいます。すぐには解決できなくても，理解してくれる人，応援してくれる人がいることがわかっただけでも心の支えになります。

(2) 悩みを相談することは想像以上に勇気がいります。しかし，この体験は貴重です。自分自身が楽になるだけではなく，悩みを抱えた子どもや保護者が先生に相談するときの気持ちが少しでもわかるからです。

❸どの人に何をどれくらいサポートしてもらうのがよいか考えましょう。

(1) サポートなら何でも受けようとするのは考えものです。例えば，相談にのってくれた校内の教師が応援を申し出てくれた場合，学級の指導に介入してもらったものの，こちらの意図に合わない指導になったりすると，新たな問題となります。

(2) サポートしてもらう内容を具体的に整理し，ニーズに合ったサポートができる人に頼むことが大切です。例えば，○○先生には教材プリントを分けてもらう。△△先生には，クラスでのトラブル発生時に応援をお願いするなどです。どの程度応援してもらうか，回数・時間・程度などを限定した期間で実施すると決めておきましょう。サポートする側もされる側も，役割が明確になると，とてもやりやすくなります。

❹研修会に参加してスキルアップを図りましょう。

(1) 各種の研修会・学会などに参加しトレーニングすることをお勧めします。自分の考え方や捉え方を見直す機会となります。「不適切な行動をする子ども」という捉え方が，「適切な目標に向かって不適切な手段しか選べない子ども」という捉え方に変わるだけでも，子どもへの対応がずいぶんと変わるからです。教育相談の手法を学んでいると，聞き方・話し方が上手になり，子どもや保護者との関係づくりに生かせるようになります。

(2) 学級集団の人間関係づくりの仕方を研修会などで学びましょう。新たな指導法（構成的グループエンカウンターなど）を取り入れることで，少しずつあたたかな学級集団になる経験をすると，子どもたちとの関係づくりに徐々に自信がもてるようになるでしょう。

第7章 教師の自己管理

2 校長に「教師をやめてしま

つらいなあ……

事例
授業は精一杯やっているつもりですが，学級は落ち着かず，指導に従わない子どもが増えています。保護者からの苦情も増え，校長や教頭から怒鳴られることがあります。

考え方とポイント
管理職から怒鳴られることはショックだと思います。特に退職を促されると，教師として失格の烙印を押されたような気分になることが多いでしょう。

まず，自分の置かれた状況把握が必要です。そして，問題点の整理と課題解決のためにどれだけ実行できるかを考えることも必要です。また，1人で取り組もうとしないで，相談できる人たちとチームを組むことをお勧めします。

具体的な連携先
まずは同僚や先輩に，場合により医療機関や専門機関などに相談してみるとよいでしょう。具体的なポイントを教えてくれると思います。

---

❶精神的に不安定？ → 不安定
不眠や頭痛など，心身の調子がよくなかったり，気持ちが混乱していて不安定か。

⬇ 問題はない

❷問題点は？ → わからない
教師として，どのようなところが不足しているのかわかっているか。

⬇ わかっている

❸相談相手がいる？ → いない
同僚や先輩などほかの人に相談しているか。

⬇ いる

❹改善策を実行しているか？ → していない
しなければいけないことを明確にして，実行しているか。

⬇ している

管理職に実行していることを伝える努力をしていく。

え」と怒鳴られ，つらいです。

❶カウンセリングを受けたり，メンタルクリニックに行ったりしましょう。
(1)体調が優れず，精神的に滅入っている，いろいろなことが決断できないなど，心身の不調がみられる場合は，メンタルクリニックなどの医療機関に相談をすることが大切です。カウンセリングを受けたり薬を服用することで，精神的に楽になれることが多いからです。
(2)校内の先生方に応援してもらって仕事の量を減らしましょう。場合によっては休職をするのも1つの方法です。ゆとりができれば，落ち着いて自分自身の問題点を振り返る機会になります。

❷注意されたことを書き出して整理してみましょう。
(1)管理職がいきなり怒鳴ることはまれでしょう。怒鳴られることがあるのは，過去に注意を受けた・指導を受けたにもかかわらず，行動がほとんど変わっていない・変わろうとしているようには見受けられないからと考えられます。再度，今まで指摘されたことを整理してみてください。
(2)学習面（教科の指導など），対人関係（子どもへの指導や学級経営，保護者との関係づくりなど），生活面（不適切な言動，遅刻早退など）について整理することが大切です。それらの点について，自分なりに改善したこと・改善中・改善できなかったことを点検してください。整理することでどのような点がうまくいっていないかが明らかになってきます。

❸いろいろな人に相談してアドバイスをもらいましょう。
(1)同僚や先輩などに相談してみましょう。自分が整理したものをチェックしてもらう，あるいは，整理した内容を説明してアドバイスをもらうことは改善に役立ちます。
(2)職場外の人に相談することも役立ちます。教育や心理に関する研究会・学会・指導主事などの専門家です。校内の同僚とは違った視点や考え方で問題点を指摘してもらうことも改善に役立ちます。

❹少しでもできること，やりやすいところからやってみましょう。
(1)実行できない要因として，目標が高すぎる・初めから無理だとあきらめている・どれから始めるか選択できない・効果がなかなか見えてこないので中途でやめているなど，いろいろと考えられます。そこで，スモールステップで取り組む発想が必要になります。
(2)いきなり高い目標に到達しようと考えないで，低いハードル（現状よりほんの少しだけ高い目標）を設定します。1歩1歩階段を上るようにやりやすいことから取り組んでください。また，期間限定での取り組みをお勧めします。ずっとやり続けようとすると，相当なエネルギーが必要になるので，考えるだけで嫌になりやすいからです。例えば2週間と限定すると，これだけならやれそうだと意欲がわきやすくなります。
(3)どれから始めるか優先順位を決めます。できれば達成しやすそうなものから始めることです。短期間で達成すると自信につながり意欲がわきます。できれば同僚などに協力してもらいましょう。効果が出たかどうかを客観的にチェックしてもらえます。また，励ましてもらえる・褒めてもらえることで，途中でトライを放棄することが防げます。

3 同僚とうまくいきません。

うまくいきたいな……

事例
会議のときに意見が対立したり，子どもの指導をめぐって口論になったりしてしまいます。毎日顔を合わせる同僚だけにどうすればよいか悩んでいます。

考え方とポイント
人と付き合っていくうえで，うまくいかないことがあるのは自然なことです。たいていは折り合いがついたり，どちらかが謝るなどきっかけをつくって付き合いが再開することが多いようです。しかし，うまく関係が取れないことが続くと修復が困難になることがあります。

相手だけが変わることを期待することをやめて，まずはコントロールしやすい自分自身の考え方や行動を少し変えてみると両者の関係に変化が起こるようになります。

具体的な連携先
相談しやすい人やスクールカウンセラーに相談しましょう。気づかなかった点を教えてくれると思います。

---

❶原因は？
同僚とうまくいかないのはなぜなのか，原因がわかるか。
→ わからない

↓ わかる

❷相手は複数か？
うまくいかない同僚とは，特定の1人か複数か。
→ 複数

↓ 特定の1人

❸対応の仕方は？
相手の言動に対して，どのような対応をしているか振り返ったか。
→ 振り返っていない

↓ 振り返った

❹解決のめどは？
解決の見通しは立つか。
→ 立たない

↓ 立つ

良好な関係を築く努力を続けていく。

どうしたらよいでしょう。

❶うまくいかない場面を振り返ってみましょう。

(1) どのような場面でうまくいかないかを振り返ってください。子どもへの指導をめぐって対立するなど仕事（教育観等）に関することが主なのでしょうか。それとも，例えば，提案や発言をすると反論される・無視される，用事を頼むと断られるなど，全般にわたっているのでしょうか。整理することで解決のヒントが見つかりやすくなります。

(2) 特定の場面でうまくいかない場合，良好に保てている場面に重点を置いてかかわりを続けます。その後に対立場面での調整に進んでください。全般にわたる場合は，まずは休戦状態をつくります。つまり，かかわりを減らす，かかわっても淡々と事務的な付き合いにとどめて，落ち着いた状況をつくってみてください。お互いに冷静に考えられる時間をつくるためです。

❷いろいろな人に相談して判断をしてもらいましょう。

(1) 複数の同僚とうまくいかない場合は，ほかの同僚に相談してみてください。他者から判断してどのような点がうまくいかないのか，お互いの長所や弱点などについて落ち着いて聞いてみます。自分では気づかなかった解決のヒントをもらえる可能性があります。

(2) 同僚のほとんどとうまくいかない場合，うまくいかない状況に焦点を当てて問題点を考えてみます。さらに，職場外の人に相談をしてみてください。冷静な目で状況を判断してもらうのも方法だからです。その際に，苦言を呈されても受け入れることが必要になります。

❸同僚に対する自分の反応を振り返ってみましょう。

(1) うまくいかない場面で，自分にとって不快な行動をとる同僚に対して，どのような反応をしているか整理してみてください。過剰な反応をすればするほど悪循環が増えていませんか。逆に，少しでもましな場面があれば，自分から「そうですね」などの肯定的な声かけをしてみてください。良好な場面が増える可能性があります。ぜひ実際の反応を確認してみてください。

(2) うまくいかない場面で，同僚の反応が特に大きいときと小さいとき，自分はどのような言動をしていますか。振り返ってみてください。それらを整理して，伝わりやすい言動を探してみてください。相談できる人にアドバイスを求めるのも1つの方法です。

❹1人で取り組まないで，冷静に判断して行動しましょう。

(1) 相談できる人には継続して相談してください。1人で取り組むと精神的にもつらくなりがちです。チームでやっていると思うと心の支えになります。

(2) これ以上悪化しない方法を考えます。関係が平衡状態なら，それなりの努力がされていると思って，継続してください。努力しているが悪化している場合は，当面は極力接触を避けることです。また，管理職にも相談してアドバイスをもらいましょう。時期を待って，転勤や学年の配属転換などで物理的に距離をとり，悪化を防ぐこともお互いのために大切です。

4 教材研究が追いつきません。

教材研究が追いつかない……

事例
授業をこなすだけでも精一杯の日々です。行事が重なるとゆとりがなくなります。教材研究も追いつかなくなっています。

考え方とポイント
多忙な業務をこなす中での教材研究は，自転車操業のように追われがちになります。そもそも研究ですから，限界がありません。すればするほど時間や労力はかかります。

まず，1人で抱え込まないで，同僚や先輩などと相談して，貴重な資源を活用しましょう。すでに実施されている指導法を教えてもらう，資料などを分けてもらう，教材研究を分担することなどで，時間を有効に活用できます。また，身の回りの資源を活用することで新たな指導法や教材づくりなど，学べるチャンスでもあります。

具体的な連携先
同僚や先輩，教科の専門家に相談したり，研修会などに参加することで，具体的なポイントを教えてくれると思います。

---

❶時間的なゆとりは？
教材研究をするゆとり（時間）があるか。　→ ほとんどない

⬇ 時間はある

❷教材研究のやり方は？
どのように教材研究をしていけばよいかわかるか。　→ わからない

⬇ わかる

❸教材研究の整理は？
教材研究をしたものをいつでも活用できるように整理しているか。　→ していない

⬇ している

❹広く教材研究の情報を集めているか？
教育センター・学会・研修会などで，資料を集めたり指導法を学んだりしているか。　→ いない

⬇ いる

無理せず，完璧さを求めず，できる範囲で教材研究を続けておく。

❶時間をかける必要があるものなのかどうか検討しましょう。

(1) どのようなことに時間を取られるのかを整理してみます。連絡帳や宿題のチェック・子どもへの指導・部活動など，日単位・週単位で仕事内容を整理してみます。時間を多く使う内容については，それだけ時間をかける必要があるものなのかを検討してください。優先順位も考えましょう。時期や場合によっては時間をかけなくてもいいことがあります。

(2) 教材研究をする時間をどうやって確保するかを検討します。限られた貴重な時間の中で，「教材研究の時間」という枠を十分に確保するのは難しいと思います。そのため，小学校なら放課後，中学校・高等学校なら教科担当以外の時間などで，どの程度時間の確保ができそうかを日単位・週単位でノートに書き出し，活用できる時間を探し出します。

❷先輩や同僚に相談してみましょう。

(1) 周囲に迷惑をかけてはいけないと１人で抱え込んで悩んでいませんか。どれに重点を置けばよいか・どの程度時間をかければよいか・何を参考にすればよいかなど，同僚や先輩に相談してみてください。お手本になる教材や指導法などを教えてもらい，やりやすいものから取り入れると自己のスキルアップにもつながります。

(2) 同僚や同教科の先生とでチームを組んで，役割分担して教材研究をしてみてください。教材研究の時間短縮になるだけでなく，マンネリになりがちな指導内容が，チームの先生の違った視点やアイデアを知ることで充実します。実施後に話し合うことでさらに内容がよりよいものとなります。

❸得意なところと，不得意なところに分けてみましょう。

(1) 苦労してできた教材・指導案を有効活用するために整理して保存してください。同僚や先輩などに評価をもらう・うまくいったところやいかなかったところを記録に残しておくと，さらにいろいろな場面や教材研究で役立つものとなります。

(2) 得意なところと不得意なところを確認します。初めての単元・学年の場合は，特に不安を感じることが多いと思われます。ペアやチームで取り組み，苦手なところは協力を仰ぐ，得意なところは提供すると効率よく取り組めて，不安が減るようです。

❹研修会に参加してレベルアップを図りましょう。

(1) 同僚や先輩だけでなく，研究会・学会・教育センターなどの教科専門の指導者から指導法を学び，資料を得ることで教材研究を内容の濃いものにします。苦手なところや何がポイントなのかを教えてもらうことで，現状の課題を明確にしやすくなります。

(2) 研究会・研修会・学会などで授業の上手な先生・活躍している先生をモデルにすることで，自らのレベルアップを図ります。研究の仕方や自己の指導パターンについて，新たな気づきが生まれ，学ぶ機会となります。

第7章 教師の自己管理

5 子どもにうまく対応できま

うまく対応できない……

事例
　小学校高学年を受け持ち，半年が過ぎました。授業中に数名の子どもの立ち歩きや私語が増え，何度も注意をしましたが効果がありません。指導に反発することが増えています。

考え方とポイント
　緊張感と不安の多い学級ほど，先生の指導が入るためには，子どもたちと先生との関係づくりが重要になります。
　ポイントは，「学級全体のあたたかな集団づくり」と「子どもの気になる行動への対応を変えてみること」です。子どもの行動に対する先生の捉え方が変われば，おのずと対応が変わります。結果として子どもが変われば落ち着いて対応できるようになります。

具体的な連携先
　まずは身近な同僚や先輩に相談しましょう。また，各種の学会・研修会などに参加することで多くを学べると思います。

---

❶学級の人間関係は？
学級全体の人間関係は落ち着いているか。　→ 落ち着いていない

↓ 落ち着いている

❷注意をすると？
注意・指導をすると，反発して従わないことがほとんどか。　→ 従わない

↓ 従う

❸関係づくりは？
関係づくりの試みは効果があるか。　→ 効果がない

↓ 効果がある

❹協力は得られている？
校内の先生や保護者の協力は得られているか。　→ 得られていない

↓ 得られている

良好な関係を築く努力を続けていく。

せん。

❶まじめに取り組んでいる子どもたちとの関係づくりから始めましょう。

(1) まずは，まじめに取り組んでいる子どもたちとの関係づくりから始めます。ミニ相談週間をつくって，3～4人単位の短時間でのグループ面談をして，がんばっている子どもたちをねぎらいます。不安定な学級だからこそ，現状を維持してもらうためです。そのほかに，子ども目線で見た友達関係や先生の行動について，貴重な情報が入ることも期待できます。

(2) 学級全体の状況を客観的に把握することも大切です。先生が作成したアンケート調査や市販の検査用紙で，子どもたちの不安や期待・学級の雰囲気や傾向・満足度を知ることができます。調査をすることで，先生の知らなかった子どもたちの様子を発見することがあります。目立たないけれど苦戦している子どものケアを早期にしておくことは大切です。

❷注意の仕方を工夫しましょう。

(1) 叱ってばかりいると効果が薄れ，さらに強く叱らざるを得なくなります。大声で威圧して収めようとすると，その場は収まっても反発が生まれやすくなります。信頼関係がないと子どもとの関係が悪化することがあります。批判的にみる子どもが増える・雰囲気に耐えられず不登校になる子どもが出るなど，先生の意図したことと逆の現象が出る場合もあります。

(2) 暴力は絶対許せないので厳しく叱る，そのほかは普通に叱るなど，叱る基準を揃えておくことは大切です。問題の程度に合わせて基準を学級全体に明確にしておくと，子どもたちも納得しやすいからです。注意の声かけは，例えば，授業中に立ち歩いている場合は，近づいて・低い声で・端的に・具体的に「座りなさい」と指示します。

❸褒め方を工夫しましょう。

(1) 少しでもましな行動があれば褒めます。授業中に「立ち歩いている子ども」が「ずっと座って授業を受ける子ども」に短期間で変わることは難しいものです。あせると声かけは注意ばかりになります。そこで，立ち歩く時間や回数が少しでも減ったら，「減ったね」と褒めます。少しずつ励ます感じで声かけをし，徐々にしてほしい行動へと促します。

(2) 具体的に褒めます。「やる気になったね」は，子どもにはわかりにくいようです。「座ったね」と具体的な行動を褒めます。

❹1人で抱え込まないで協力してもらいましょう。

(1) 1人で抱え込まないで，校内の先生に協力やアドバイスを求めることは大切です。チームで取り組めると，違った視点での気づきや対応がわかり，指導についてのスキルアップにつながります。心の支えにもなり，落ち着いて対応しやすくなります。

(2) 保護者の協力も大切です。保護者に注意をしてもらうよりも，不適切な行動が少しでも減れば，家族で褒めてもらうことです。先生と保護者が協力して励ますことは，子どもにとって効果的なことが多いです。「このような目的で，子どもにこのように接してください」と保護者の役割を明確にして依頼すると，協力してもらいやすくなります。

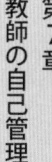

第7章 教師の自己管理

6 部活動をもっとやってほしい

先生,部活動を増やしてください……

事例
保護者から部活動を増やしてほしいと言われ,「塾に行っている子どももいる。保護者の考えもさまざまだ。個人的な時間もどんどん削られていく」と,悩んでいます。

考え方とポイント
部活動を担当している顧問の悩みの1つといっても過言ではないでしょう。増やしてほしい要望とは逆に,減らしてほしいという要望もあります。難しい問題ですが,部活動を続けていくうえで,部活動に対する先生自身の考えを整理するチャンスでもあります。

生徒の考えや状況を把握し,保護者の意見も考慮することは大切です。それ以上に,先生自身の考えや状況を整理して,明確に決断することが必要です。

具体的な連携先
部活動を担当している先生方に相談してみるとよいでしょう。どのような考え方や方針でやっているかを教えてくれると思います。

---

❶自分の考えは? — 考えていない
自分自身にとってどうかを考えたか。

⬇ 考えた

❷保護者のニーズは? — わかっていない
部活動を増やしてほしいのはなぜなのか,保護者のニーズがわかっているか。

⬇ わかっている

❸部活動の方針は? — 伝えていない
部活動に対する先生の考え方や方針を保護者に伝えているか。

⬇ 伝えている

❹意思を明確に伝えられるか? — 断りにくい
部活動を増やす要望を,はっきりと断れるか。

⬇ 断れる

部活動の子どもたちや保護者に顧問の方針を再度伝え,現状の活動を維持していく。

いと言われました。

❶自分の気持ちを確かめてみましょう。

(1)自分の素直な気持ちを確かめてください。1日は 24 時間です。体は 1 つしかないので，できる範囲も時間も限られてきます。そこで，部活動にかける時間とほかの仕事との時間配分を検討しましょう。落ち着いて整理するとおのずと結論が出るはずです。

(2)無理をすると，どこかにしわ寄せがきます。仕事以外の時間も大切です。現状の部活動を増やすことで，自分や自分の家族を犠牲にするような結果は好ましくありません。部活動をしている子どもたちや保護者も，そこまで無理をしてほしいとは思っていないはずです。

❷保護者や子どもの思いを確かめてみましょう。

(1)保護者に理由を聞いてみてください。現状の部活動ではどのような不安があるのでしょうか。例えば，部活のない日は，だらだらとゲームばかりしている，疲れないので夜遅くまで起きている，自由な時間があるとよくない遊びをするなどの現状があるのかも知れません。保護者が子どもを注意したり指導や管理ができないので，そうした現状を避けることが目的の場合もあります。

(2)子どもの気持ちを確かめているかを聞いてみてください。子どもは増やしてほしいとは思っていない場合があります。その場合は，保護者の不安を減らすにはどうすればよいかを一緒に考えます。不安を減らすことができれば，部活動を増やす必要がなくなるからです。

❸部活動の方針をはっきりと伝えてみましょう。

(1)子どもたちの事情や状態を考慮していることや，限られた時間の中で練習内容を工夫していることを保護者にはっきりと伝えます。例えば，子どもたちには学習することや興味のあることに時間が必要なことや，部活動に制限があるからこそ，集中して取り組めることなどです。

(2)バランスを取りながら有効に時間を活用できる力を育てたいなどと，指導者が活動方針を明確にすると，子どもたちもさまざまな活動に取り組みやすくなります。

❹断り方を工夫して伝えてみましょう。

(1)あいまいな返答は，淡い期待をもたせてしまいがちです。しかし，断定的に言うことで，保護者との関係を悪くしてもいけないと不安に感じるかもしれません。そこで，以下の順で話しながら進めます。①部活動に期待してもらっていることに感謝していること。②保護者の思いは受けとめたこと。③部活動は増やせないと，はっきり断ること。④その理由を説明すること。⑤代替案を出すこと。⑥これからも協力を願うこと。

(2)代替案とは，例えば，「部活動は増やせませんが，内容は充実させます」「子どもたちに部活動以外の時間の使い方について話し合って考えてもらいます」などです。後日に，子どもの取り組みの様子を保護者に伝えておきます。保護者の不安を大切に受けとめている姿勢を見せることで，より信頼関係が深まる可能性があります。

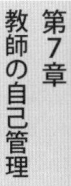

第7章 教師の自己管理

おわりに

大阪教育大学教授
水野治久

　フローチャートいかがでしたでしょうか？　明日から，いやいまからすぐに使えますでしょうか？

　この本の構想を直感的に思いついたのは，数年前の9月の昼下がり，大阪府内の学校にコンサルテーションに行ったときのことでした。ちょうど運動会の練習中で，外は熱中症に気をつけなければならないほどの猛暑日です。私は教頭先生に挨拶をし，部屋に案内されるまで，しばらく職員室で指示を待っておりました。そうしたら，数メートル先の若い男性教師が机の前で何かつぶやいています。「あっ，いまから○○のところに家庭訪問せなアカン，今日も休みやで，どないしよう」と私には聞こえました。その先生は，この言葉を発した瞬間に，目線が宙を回っていました。

　このとき，「この先生はほんとうに困っている。やる気だけあっても，不登校の子どもはそう簡単には学校に戻ってこないよなぁ。だから教師がわかりやすいアドバイスをしたほうがよい。教師が短時間で次の行動を確認できるマニュアルのようなものを作ることはできないか」と思いました。

　私の意見にすぐに賛同してくださったのが，諸富祥彦明治大学教授，そして，図書文化の東則孝氏です。執筆は，現場でほんとうに力のある先生方にお願いしました。首都圏，関西圏で現場に出向き，子どもと向き合い，実践しておられるこの先生なら，きっとよいフローチャートを書いてくれる，そう確信できる先生に依頼しました。こうしてこの本は誕生しました。

　フローチャートは，エッセンスのみを抽出しております。実践というのは，学校や地域という社会的場面で行われていますから，めざましい活躍をされた先生が，必ずしも隣の学校で活躍できるわけではないという事例を，読者の方も耳にしたことがあると思います。しかし，そんなことを言っていては，マニュアルは作成できません。この本はあえて，学校や地域の社会的な文脈に埋め込まれている技法から，エッセンスを抽出しました。フローチャートへのご批判，ご助言がありましたら遠慮なく水野までお知らせいただければ幸いです。今後，改善，改訂を重ねていきたいと思います。

　この本により，先生方が元気づけられ，保護者の安心が広がり，それが結果的に子どもの将来につながればと願ってやみません。

編者紹介

水野治久　みずの・はるひさ

1965年千葉県生まれ。1997年筑波大学大学院教育研究科カウンセリング専攻カウンセリングコース修士課程修了，2001年に 博士（心理学）を筑波大学にて取得。大阪教育大学学校教育講座教授。専門は，カウンセリング心理学，学校心理学。現在の研究課題は，子どもや教師の被援助志向性をいかした学校コンサルテーションプログラムの開発，Q-Uや構成的グループエンカウンターを用いた学級経営プログラム。著書に，『集団の発達を促す学級経営　小学校中学年』（共編）図書文化社，『教師のチーム力を高めるカウンセリング』（共編）ぎょうせい，『学校での効果的な援助をめざして』（編集）『カウンセリングとソーシャルサポート』（共編）ナカニシヤ出版，『留学生の被援助志向性に関する心理学的研究』風間書房。

諸富祥彦　もろとみ・よしひこ

1963年福岡県生まれ。1986年筑波大学人間学類，1992年同大学院博士課程修了。英国イーストアングリア大学，米国トランスパーソナル心理学研究所客員研究員，千葉大学教育学部講師，助教授（11年）を経て，現在，明治大学文学部教授。教育学博士。「教師を支える会」代表。主な著書に，『自分を好きになる子を育てる先生』『教師の悩みとメンタルヘルス』『「7つの力」を育てるキャリア教育』『教室に正義を！──いじめと闘う教師の13か条』，『こころを育てる授業ベスト17（小学校）』（編集）『こころを育てる授業ベスト22（中学校）』（編集）以上図書文化社，『チャートでわかるカウンセリング・テクニックで高める教師力（全5巻）』（編集代表）ぎょうせい，『プロカウンセラー諸富祥彦の教師の悩み解決塾』教育開発研究所，『チャートでわかる！メンタルヘルスにいきる教師の悩み相談室』音楽之友社，他多数。研修会等の情報は，http://morotomi.net/

執筆者紹介

諸富　祥彦　明治大学教授　はじめに
水野　治久　大阪教育大学教授　第1章，おわりに
土田　雄一　市原市立白金小学校校長　第2章
中村　　健　プール学院大学教授　第3章
上田　裕美　大阪教育大学教職教育研究センター准教授　第4章
齋藤美由紀　竹原市立竹原中学校校長　第5章
明里　康弘　千葉市立川戸中学校校長　第6章1〜4
植草　伸之　千葉市教育センター指導主事　第6章5〜7
梅川　康治　堺市教育センター教育相談グループ長　第7章

（以上，執筆順）

教師のための
問題対応フローチャート
不登校・授業・問題行動・虐待・保護者対応のチェックポイント

2013 年 2 月 20 日　初版第 1 刷発行（検印省略）
2016 年 2 月 20 日　初版第 3 刷発行

編　者　Ⓒ水野治久・諸富祥彦
発行人　福富　泉
発行所　株式会社 図書文化社
　　　　〒112-0012　東京都文京区大塚 1-4-15
　　　　Tel.03-3943-2511　Fax.03-3943-2519
　　　　振替　00160-7-67697
　　　　http://www.toshobunka.co.jp/

組　版　株式会社 さくら工芸社
装　幀　中濱健治
印刷所・製本所　株式会社 加藤文明社印刷所

JCOPY〈（社）出版者著作権管理機構　委託出版物〉
本書の無断複写は著作権法上での例外を除き禁じられています。
複写される場合は，そのつど事前に，（社）出版者著作権管理機構
（電話 03-3513-6969，FAX03-3513-6979，e-mail：info@jcopy.or.jp）
の許諾を得てください。
乱丁・落丁本の場合はお取り替えいたします。
定価はカバーに表示してあります。
ISBN 978-4-8100-3626-8　C3037